प्रगति के 10 नियम

प्रगति के 10 नियम

मृदुला अग्रवाल

रूपा एंड कंपनी

कॉपीराइट © मृदुला अग्रवाल 2004

प्रथम प्रकाशन : सन् 2007

प्रकाशक : **रूपा एंड कंपनी**
7/16, अंसारी रोड, दरियागंज, नई दिल्ली—110 002

विक्रय-केंद्र :
इलाहाबाद   बंगलौर   चंडीगढ़   चेन्नई
हैदराबाद   जयपुर   काठमांडू
कोलकाता   मुंबई   पूना

मुद्रक : गोपसन्स पेपर लि०
ए-14, सेक्टर 60
नोएडा - 201 301

अनुक्रम

प्रस्तावना		vii
पहला नियम	: सफलता का सभी के लिए विशिष्ट अर्थ है	1
दूसरा नियम	: स्वयं पर विश्वास करें	11
तीसरा नियम	: परिवर्तनशील बनें : सीखिए और बेहतर बनिए	27
चौथा नियम	: अपना लक्ष्य पहचानिए	39
पाँचवाँ नियम	: चुनौतियों को स्वीकार कीजिए	53
छठा नियम	: अपनी सीमाओं पर विजय पाइए	65
सातवाँ नियम	: कार्य की पहल करें	73
आठवाँ नियम	: स्वयं को स्वीकार करें	85
नवाँ नियम	: अनुशासित बनें	97
दसवाँ नियम	: जवाबदेह बनें	107

प्रस्तावना

हम सभी सफलता प्राप्त करना चाहते हैं। यदि हमें जीवन में असफलता का बोध हो तो हम आंतरिक सुख का अनुभव नहीं कर सकते। इस संदर्भ में सबसे बड़ी उत्साहवर्धक सच्चाई यह है कि हम सभी सफलता प्राप्त कर सकते हैं। हम चाहे जो हों, जैसे हों, और जहाँ भी हों, हम सफल हो सकते हैं। और हर एक के लिए सफलता के मायने अलग-अलग होते हैं।

सफलता एक व्यक्तिगत अनुभव है, यह सभी को हासिल हो जाना चाहिए, लेकिन हम जानते हैं कि ऐसा नहीं होता। हम में से अधिकतर लोग जो करना चाहते हैं नहीं कर पाते हैं। जब हम अपने प्रयास में असफल होते हैं तो निराश हो जाते हैं और यह निराशा हमें अपने लक्ष्य से और दूर धकेल देती है। इसी बात ने मुझे इस पेचीदा विषय का अध्ययन करने और इसपर लिखने के लिए प्रेरित किया।

अपने जीवन के हर क्षेत्र में सफल होना आपका अधिकार है और आप इसे आसानी से प्राप्त कर सकते हैं, बशर्ते आप सही तरीका अपनाएँ। आपको सिर्फ कुछ सरल नियमों को जानकर उन्हें अपने आचरण में लागू करना है। कोई कारण नहीं कि आप अपनी आकांक्षाओं की

ऊँचाई न हासिल कर पाएँ। ऊँचाई पर हमेशा जगह होती है और रहेगी, बस आपको ऊपर चढ़ने का रास्ता भर पता होना चाहिए।

सफलता के जो दस नियम आपको इस किताब में मिलेंगे, सही मायनों में सफल होने के सार्वभौमिक नियम हैं। आप इन्हें आसानी से समझ और आत्मसात् कर सकते हैं। यही नहीं कि आपको क्या करना है और कैसे करना है, आपको यह भी ज्ञान होगा कि ये नियम किस प्रकार कार्य करते हैं और आपके जीवन को कैसे प्रभावित करते हैं। आपको अपने जीवन की परिस्थितियों का सही बोध होगा और आप समझ पाएँगे कि वह क्या है जिसको करने का ढंग बदलना है। इन सरल नियमों को ग्रहण कर आप न सिर्फ सफलता पाएँगे वरन् साथ ही मानसिक शांति का भी अनुभव करेंगे।

आज ही इन पर अमल कीजिए और अपनी क्षमताओं से पहचान बनाइए। हमेशा जानिए कि आप जितना सोचते हैं, उससे कहीं ज्यादा कुशल हैं और चाहे कैसी भी परिस्थिति क्यों न हो, सफल होना आपका हक है। बस लगन व निष्ठा से इन नियमों को अपनाइए और इनके चमत्कार का सुख अनुभव कीजिए।

बहुत-बहुत शुभकामनाएँ! सफलता का ताज आपकी प्रतीक्षा में है।

— मृदुला अग्रवाल

नियम

पहला

सफलता का सभी के लिए विशिष्ट अर्थ है

अपना लक्ष्य हासिल कीजिए और विजय का ताज पहनिए।

सफलता हमारा अधिकार है
मेहनत कीजिए और सफल बनिए

जब ईश्वर ने हमें हाथ दिए
तो काम करने की काबिलियत भी दी।

एक बार एक प्रसिद्ध गुरु के सान्निध्य में दो शिष्य शिक्षा ग्रहण कर रहे थे। जब दोनों शिष्यों की शिक्षा पूर्ण हो गई और उनके गुरुकुल छोड़ने का समय आया, तो गुरुजी ने एक शिष्य को बुलाया और उससे पूछा–

"तुम्हारी शिक्षा पूर्ण हुई। अब तुम संसार में जाने योग्य हो गए हो। बताओ, तुमने अपने भविष्य के लिए क्या सोचा है?"

शिष्य बोला, "मैं संसार में जाकर यश एवं सफलता की तलाश करूँगा।"

गुरुजी ने उसे सोने के सिक्कों की एक थैली दी, आशीर्वाद दिया और प्रस्थान करने का आदेश दिया।

फिर गुरुजी ने दूसरे शिष्य को बुलाया और उससे भी वही प्रश्न किया।

वह बोला, "मैं संसार में जाकर यश एवं सफलता हासिल करूँगा।"

गुरुजी ने उसे चाँदी का एक सिक्का दिया, आशीर्वाद दिया और

प्रस्थान करने का आदेश दिया।

जब गुरुजी अपने दोनों शिष्यों को सिक्के देकर विदा कर रहे थे तो वहीं कुछ दूरी पर विश्राम कर रहा एक पथिक यह सब देख-सुन रहा था। दोनों शिष्यों के जाने के बाद वह गुरुजी के पास गया और उसने उनसे पहले शिष्य को सोने के सिक्कों की थैली व दूसरे को सिर्फ चाँदी का एक सिक्का दिए जाने का कारण पूछा।

गुरुजी बोले, "जो शिष्य संसार में सफलता ढूँढ़ने जा रहा है उसे सफलता मिलनी मुश्किल है क्योंकि वह उसके लिए संसार पर आश्रित होगा। उसे सोने के सिक्कों की थैली की आवश्यकता होगी और वह ज्यादा दिन नहीं चलेगी। जो दूसरा शिष्य सफलता हासिल करने निकला है, वह स्वावलंबी है, इसलिए अवश्य सफल होगा। वह स्वयं में शांतिमय भी रहेगा। उसे किसी के धन की आवश्यकता नहीं है, खुद कमा लेगा। मैंने उसे चाँदी का एक सिक्का दिया है, जो उसके रास्ते का खर्च-भर है।"

पथिक गुरुजी से यह ज्ञान प्राप्त कर, उन्हें धन्यवाद दे, आगे बढ़ गया।

सफलता है अपने लक्ष्य को प्राप्त करना। वे लक्ष्य जो हमारी आकांक्षाएँ हैं, जिनके लिए हमने प्रयास किया है, चाहे वे कुछ भी हो। सफलता हमारे परिश्रम का सुखद व अनुकूल फल है, प्रिय लक्ष्यों की सार्थकता है। सफलता का अर्थ हर व्यक्ति के लिए अलग-अलग होता है और यही कारण है कि उसका स्वरूप सब के लिए एक जैसा नहीं होता और न ही होना चाहिए।

सफलता एक व्यक्तिगत एहसास है और सब को विशिष्टता के साथ महसूस होता है। सार्वजनिक तौर पर हम सफलता को विभिन्न

मापदंडों द्वारा मापते हैं, किंतु व्यक्तिगत रूप से इसका कोई निश्चित मापदंड नहीं होता। परीक्षा व प्रतियोगिता में यह सार्वजनिक मापदंडों द्वारा मापी जाती है, किंतु व्यक्ति के निजी एहसास में, व्यक्तिगत आकांक्षाओं और लक्ष्यों की प्राप्ति में किसी भी सामूहिक या सामाजिक मापदंड का कोई महत्त्व नहीं होता। सफलता की विशेषता है कि इसकी परख दूसरे करते हैं, पर उसका एहसास हर व्यक्ति का अपना होता है। सामान्यतया सार्वजनिक तौर पर इसे हम शक्ति, ख्याति, व धन के रूप में मापते हैं, परंतु व्यक्तिगत अनुभूति के लिए हर किसी के अपने मापदंड हैं। और यही बना देता है सफलता को एक विशिष्ट, नायाब एहसास।

एक राजनेता ताकतवर बनकर कामयाब महसूस करता है तो एक व्यापारी धनवान् बनकर; एक कलाकार ख्याति प्राप्त करना चाहता है तो एक गृहस्थ एक सुखी परिवार बनाना चाहता है; एक खिलाड़ी के लिए नया कीर्तिमान् स्थापित करना सफलता है तो एक वैज्ञानिक के लिए नई खोज करना। और इन सबसे हटकर कोई व्यक्ति ऐसा भी हो सकता है जो इन सब बातों को निरर्थक माने और सरल जीवन में ही पूर्ण आनंद की अनुभूति करे।

अपनी किताब 'इफ सक्सेस इज़ अ गेम, दीज़ आर द रूल्स' में शैरी कार्टर-स्कॉट का कहना है–'जब मैं किसी व्यक्ति के जीवन में गहरी छाप छोड़ती हूँ तो मुझे लगता है, मेरा जीवन व्यर्थ नहीं गया। जब किसी कार्यशाला में किसी भाग लेनेवाले की आँखों में चेतना की चिनगारी देखती हूँ तो मुझे लगता है, मैं सफल हुई। लोगों को उनके व्यवहार बदलते देखना, उनके सपनों को साकार होते देखना, उनकी त्रासदी के चक्र का अंत होते देखना और सही मायने में अपने से प्रेम करते देखना मुझे गहरा संतोष देता है।'

तुलनात्मक होने के कारण सफलता का मापदंड भी प्रत्येक व्यक्ति के लिए अलग होता है। हो सकता है, वह रईस व्यक्ति, जिससे सब ईर्ष्या करते हों, समाज की और अपनी भी निगाह में सफल न हो। एक खानदानी अरबपति जब करोड़पति रह जाता है तो यह उसकी बड़ी असफलता मानी जाती है। यदि उसने अपनी पूँजी में चंद करोड़ का इजाफा भी किया होता तो भी यह कोई बड़ी बात नहीं होती। किंतु एक स्वयंसिद्ध व्यक्ति के लिए एक करोड़ कमाना बड़ी सफलता मानी जाएगी। एक चपरासी क्लर्क बनकर सफलता महसूस करता है, तो एक क्लर्क अफसर बनकर।

सफलता की हमारी जो भी निजी परिभाषा हो, एक बात निश्चित है, हम सभी को सफल होने का अधिकार है और हम सभी सफलता प्राप्त कर सकते हैं।

सफलता मौके और हुनर पर इतना निर्भर नहीं करती, जितना कि काम के सुनियोजन और ठीक तरह कार्यान्वित करने पर। कभी-कभी हम जीवन में भाग्य के महत्त्व को बहुत महसूस करते हैं, किंतु भाग्य कर्मयोगी का ही साथ देता है, उसी का दरवाजा खटखटाता है, दूसरों को उसकी दस्तक सुनाई नहीं देती। सफलता का एक मूल नियम यह है कि वह उतनी ही मिलेगी जितना प्रयत्न हुआ है, और हम, सिर्फ हम ही इसे सार्थक कर सकते हैं।

स्वीडिश में कहावत है—'जब भाग्य उँगली पकड़ाए, तुम पूरा हाथ पकड़ लो।' ग्रीक निवासी कहते हैं कि 'बुद्धिमान् व्यक्ति अपना भाग्य अपने साथ लेकर चलता है।' और बेकन ने कहा है—'एक बुद्धिमान् व्यक्ति भाग्य से मिल जाने वाले अवसरों से कहीं ज्यादा अवसर स्वयं बना लेता है।'

सफलता को अपने हिस्से की मेहनत, लगन व दृढ़ता की जरूरत

होती है, उसका कोई छोटा मार्ग नहीं है और उसे हम सिर्फ चाहने से नहीं पा सकते। हमें उसके लिए परिश्रम करना ही होगा। नेता जब तक लोगों के बीच कार्य नहीं करेगा वे उसे नहीं चुनेंगे; व्यवसायी को अपना व्यवसाय बढ़ाने के लिए योजनाबद्ध तरीके से मेहनत करनी होगी; एक कलाकार को अच्छी कलाकृति बनाने के लिए अभ्यास करना होगा; एक खिलाड़ी को नया कीर्तिमान् स्थापित करने के लिए परिश्रम करना होगा; एक वैज्ञानिक को नई खोज कर पाने के लिए ज्ञान अर्जित करना होगा, और वह संतोषी व्यक्ति जो सादगी की जिंदगी गुजारना चाहता है, उसे सरल हृदयी होना होगा। सादगी तभी संतोष दे सकती है जब वह स्वेच्छा से अपनाई गई हो, मजबूरी वश नहीं। सादगी में रहना कड़ी मेहनत एवं असफलता से बचने का ढोंग नहीं होना चाहिए।

एल्बर्ट आइंस्टीन ने कहा है–'संपत्ति, बाहरी सफलता, ख्याति, विलासिता, ये सब मेरे लिए निंदनीय रहे हैं। मैं मानता हूँ कि एक सादा एवं आडंबर-रहित जीवन सब के लिए बेहतर है। शरीर तथा मन के लिए भी।

हमारे व्यक्तिगत लक्ष्य एवं उन तक पहुँचने के रास्ते अलग-अलग हो सकते हैं, किंतु हमारे बीच एक बात समान है कि हमें अपने लक्ष्य तक पहुँचने के लिए परिश्रम करना होगा, और हमें यह परिश्रम खुद ही करना होगा। कोई भी अन्य व्यक्ति हमारे लिए यह नहीं कर सकता। अपनी मंजिल की सीढ़ियाँ हमें स्वयं चढ़नी होंगी। और याद रखिए, ऊपर जगह हमेशा खाली रहती है। किसी और के द्वारा ऊपर खींच लिए जाने का मतलब है कि आपको झूले की तरह हर बार नीचे आना होगा।

सफलता का एक और गुण यह है कि सफलता एक यात्रा है, मुकाम नहीं; आपको आगे बढ़ते रहना है। यदि आप रुक गए तो आप नीचे आ

जाएँगे, या तो स्वयं के बोझ से अथवा फिर दूसरों के आगे निकल जाने से। किसी भी अर्थपूर्ण सफलता में एक कदम दूसरे कदम तक पहुँचाता है और हम एक समय में एक कदम ही आगे बढ़ते हैं। जब हमारे बेटे को देश के सबसे प्रसिद्ध मेडिकल कॉलेज में दाखिला मिला तो हमें लगा, वह हमेशा के लिए सफल हो गया, किंतु ऐसा नहीं था। जल्दी ही उसे विशेषज्ञ, फिर उच्च विशेषज्ञ बनने की दिशा में परिश्रम करना पड़ा। और अभी भी उसकी विकास-यात्रा का पड़ाव नहीं आया है। अब वह अपने कार्यक्षेत्र में ऊँचाई पाने के लिए संघर्षरत तथा कार्यरत है। और आप जानते हैं, ऊँचाइयों की कोई सीमा नहीं होती। किसी भी मुकाम पर अगर वह रुक जाता तो ज्यादा देर तक अपने आपको सफल महसूस नहीं कर पाता।

सफलता की सीढ़ियाँ चढ़ना एक पर्वत पर चढ़ने जैसा होता है। हर चोटी एक मंजिल होती है और आप एक समय में एक ही मंजिल तय करते हैं। हर चोटी पर पहुँचना एक चुनौती पर विजय पाना होता है, जो आपको वहाँ पहुँचने पर मंत्रमुग्ध करता है। आप अपने सामने एक नया विस्तार, एक नया मंजर फैला हुआ पाते हैं। और जब आप उसकी खूबसूरती का आनंद ले रहे होते हैं तब आपको धीरे-धीरे एहसास होता है कि आपके सामने एक और चोटी है, जो आपको अपनी ओर आमंत्रित कर रही होती है। यदि आप उस तक नहीं बढ़ेंगे तो कोई और बढ़ जाएगा। इसका मतलब यह बिल्कुल नहीं है कि जीवन एक दौड़ है और आपको सदैव दौड़ते रहना है, वरन् यह है कि जीवन एक गति है, जिसका धर्म आगे बढ़ते रहना है। यही हमारे जीवन को अर्थ देती है और उसे खूबसूरत बनाती है। बेमतलब की दौड़ में फँसने और गतिमान् होने में फर्क है। इसी फर्क को आपको

समझना है, भेड़ चाल से अपने आपको बचाना है और सफलता के मार्ग पर चलना है। इस संदर्भ में हम आगे विस्तार से चर्चा करेंगे।

इन नियमों को अपनाइए और शुरुआत कीजिए–

1. सफलता तुलनात्मक स्वभाव की होती है। उसका हरेक के लिए विशिष्ट मतलब होता है और हर व्यक्ति उसको अलग तरह से मापता और महसूस करता है।

2. सफलता किसी कार्य के सुनियोजन व उसके कार्यान्वयन पर निर्भर करती है, भाग्य पर नहीं। यदि आप भाग्य के सँवरने की प्रतीक्षा करेंगे तो ऐसा कभी नहीं होगा, आपको स्वयं उसे सँवारना होगा।

3. सफलता अपने हिस्से की कड़ी मेहनत व लगन जरूर लेती है। इसे प्राप्त करने का कोई सरल मार्ग नहीं है और न ही इसे आप केवल चाहने से पा सकते हैं।

नियम
दूसरा

स्वयं पर विश्वास करें

खड़ा होने का सबसे बढ़िया धरातल हैं आपके अपने दो पैर।

विश्वास कीजिए कि आप सफल हो सकते हैं

भय पर विजय पाइए

काम करने का सबसे उम्दा औजार
आपके अपने हाथ हैं।

ड्रायडन ने कहा है—'वे जीत सकते हैं जिन्हें जीतने का
विश्वास हो।'

सभी सफल व्यक्ति अपने पर भरोसा करते हैं। सफलता की उम्मीद के बिना प्रगति का कोई भी कार्य शुरू नहीं किया जा सकता है। हम अपने किसी भी कार्य में उसके सफल होने की उम्मीद के अनुपात में ही परिश्रम कर पाते हैं।

हम स्वयं पर जितना भरोसा कर सकते हैं उतना भरोसा हमपर और कौन कर सकता है ! हम सभी ने अपने जीवन में ऐसी परिस्थितियों का अनुभव किया है कि यदि हम यह मानकर चलते हैं कि हमें सफलता मिलेगी तो हम सफल हुए और जब हमने यह माना कि हम अमुक कार्य में असफल होंगे तो और हम असफल हो गए।

आप अपने आप से जो कहेंगे और अपने पर जितना भरोसा रखेंगे उतना ही आप पाएँगे। यदि कोई खिलाड़ी छलाँग लगाने से पहले ही गिर

जाने की आशंका से डरेगा तो वह विजयी छलाँग नहीं लगा पाएगा; एक गायक को यदि अपने गायन पर भरोसा नहीं होगा तो वह अच्छा नहीं गा पाएगा; एक वैज्ञानिक बिना अपने ज्ञान पर भरोसा किए शोध नहीं कर सकता और इसी प्रकार एक लेखक को अच्छा लिखने के लिए अपने लेखन पर भरोसा करना होता है। आत्मविश्वास सफलता की कुंजी है।

डेविड श्वार्ट्ज ने अपनी पुस्तक 'द मैजिक ऑफ थिंकिंग बिग' में कहा है कि 'अपनी सफलता पर विश्वास करना सफल लोगों का एक बुनियादी व बहुत जरूरी गुण है। आप अपनी सफलता पर पूरा विश्वास करेंगे तो जरूर सफल होंगे।'

जब हम अपने सफल हो पाने पर विश्वास करते हैं तो हमारा संपूर्ण अंतःकरण हमारा साथ देता है, हमें सफलता का मार्ग दिखाता है और हमारी कार्यक्षमता बढ़ाता है। अन्य सफल व्यक्तियों के गुणों को हम स्वतः ही अपना लेते हैं और परिश्रम कर पाने की क्षमता पा जाते हैं। हमारे मार्ग में आनेवाली असफलताएँ व बाधाएँ हमें निराश नहीं करतीं वरन् हमारा निश्चय दृढ़ करती हैं और हमें शिक्षा देती हैं। हमारा अपनी जीत पर भरोसा हमें विजयी बनाता है।

मिलटन का कहना है–'विश्वास अपने स्वामी को चमत्कारी प्रेरणा देता है। वह इस तरह से साथ देता है कि या तो कोई खतरा, कठिनाई महसूस ही न हो अथवा अगर महसूस हो तो एक उज्ज्वल चुनौती का मामला बन जाए।

विश्वास कर पाने की सबसे बड़ी समस्या यह है कि उसे ठोस आधार की आवश्यकता होती है। हमें अपनी योग्यता का सही अनुमान होना चाहिए और यही कारण है कि हम स्वयं अपने आप पर झूठा

विश्वास नहीं कर सकते हैं। विश्वास कर पाने के लिए सही मायने में योग्य होना जरूरी है। हम जो पाना चाहते हैं उसके लिए जरूरी गुण हमें हासिल करने होते हैं और इसके लिए कड़ा परिश्रम जरूरी होता है।

सही परिश्रम कर पाने के हमारे मार्ग की सबसे बड़ी अड़चन होती है हमारा अपनी क्षमता पर भरोसा न होना। हमें डर होता है कि यदि हम मेहनत करके भी कुछ हासिल नहीं कर पाए तो यह सिर्फ हमारी नाकामयाबी ही नहीं वरन् हमारे अयोग्य होने का भी सबूत होगा कि हम उतने काबिल नहीं जितना हम स्वयं को समझते थे। यही कारण है कि जिन बच्चों के माँ-बाप और शिक्षक उनकी जरूरत से ज्यादा तारीफ कर देते हैं, वे बच्चे कभी मेहनत नहीं करते। जरा सोचिए, एक औसत योग्यता वाले बच्चे की माँ यदि कहे, 'मेरा बच्चा बहुत तीव्र बुद्धि का है, बस थोड़ी मेहनत कम करता है,' तो वह बच्चा क्या करेगा ! वह सबके द्वारा 'बुद्धिमान्' कहा जाना चाहता है, किंतु अपने अंतःकरण में वह यह भी जानता है कि वह वाकई में इतना तेज या लायक नहीं है। उसे पता होता है कि उसकी माँ जो कह रही है वह शायद सच न हो। अब वह डरने लगता है कि यदि वह कड़ा परिश्रम करेगा तो सबको उसकी मामूली योग्यता का पता लग जाएगा और वह ऐसा नहीं होने देना चाहता। इसलिए वह परिश्रम ही नहीं करता।

हम किसी भी दौड़ में तभी शामिल होंगे जब हम जानते हो कि हम दौड़ पाएँगे। और यह क्षमता हम सिर्फ अपने चाहने से नहीं पा सकते, इसे हमे निरंतर अभ्यास एवं परिश्रम से हासिल करना होगा। व्यक्ति को अपनी सही योग्यता का अनुमान सदा रहता है। जब तक हम खुद को उस कार्य के योग्य नहीं बना लेते हम उसे करने से कतराते रहते हैं, हम बहाने बनाते रहते हैं। यदि हमें किसी दबाव में आकर उस कार्य को शुरू

करना भी पड़े तो हम उसे ठीक से नहीं कर पाते, बीच में ही छोड़ देना चाहते हैं।

मेरी कक्षा में एक साधारण बुद्धि का बच्चा था जो कभी कोई कार्य समय पर नहीं करता था। कक्षा की पढ़ाई में बाधा डालना और अन्य छात्रों को परेशान करना ही उसका काम था। वह हर समय मेधावी छात्रों का मजाक बनाने की कोशिश करता था। एक दिन मैंने उससे पूछा कि यदि उसे पता हो कि वह कक्षा में अव्वल आ सकता है तो वह क्या करेगा? पहले तो वह इस प्रश्न से चकराया, उसे लगा कि उसका मजाक हो रहा है (देखिए, किस तरह वह मेरे प्रश्न को अपनी निगाह से देख रहा था); किंतु जब उसे प्रश्न की गंभीरता का पता चला तो बोला, ''मेहनत करूँगा, और क्या?''

जे. एफ. क्लार्क ने कहा है–'मनुष्य की संपूर्ण शक्ति व सामर्थ्य अनदेखे भविष्य में विश्वास रखने की देन है। जो भरोसा करता है, वह शक्तिशाली है, जो संदेह करता है, वह कमजोर है। अटल विश्वास ही महान कार्यों को जन्म देता है।'

किसी काम में कड़ा परिश्रम कर पाने के लिए जरूरी है कि आपको उसमें सफलता पाने का भरोसा हो। यह तभी संभव है जब आप खुद पर भरोसा करते हों। जब आपका अंतःकरण आपसे कहता है, 'तुम सफल नहीं होंगे' तो आप उस पर विश्वास करते हैं। जब आप स्वयं से कहते हैं, 'मैं यह नहीं कर सकता' तो सचमुच आप वह काम नहीं कर पाते। आपकी आवाज को सबसे बेहतर आपके कान ही सुनते हैं। आपका दिमाग तथा शरीर ये बात तुरंत जान लेते हैं और वह आपका साथ नहीं देते।

दूसरी ओर, यदि आप स्वयं से कहते हैं, 'मैं यह काम कर सकता हूँ'

तो आप पाएँगे कि वह कार्य आप कर भी सकते हैं। जैसे ही आप खुद से कहते हैं कि 'यह कार्य आपके लिए संभव है' तो आपके मस्तिष्क को पता चल जाता है और वह पूरी तरह आपका कार्य सफल बनाने की योजना बनाने लगता है। हम अपने मालिक हैं और हमारे मन पर हमारे विचारों से अधिक और किसी का शासन नहीं चलता। हम सोचते हैं कि हम कर पाएँगे या हम सोचते हैं कि हम नहीं कर पाएँगे, इन दोनों ही परिस्थितियों में हम सही होते हैं। हम और हमारी सोच ही परिस्थिति को बनाते या बिगाड़ते हैं।

मनुष्य आसमान की ऊँचाइयों को तभी छू पाया जब उसे खुद पर भरोसा था। वह किसी ऊँचाई पर खड़े होकर तेज हवाओं द्वारा अपने को उड़ा ले जाने की कामना नहीं करता रहा, वरन् उसने हवा में उड़ने के सिद्धांत और उसकी तकनीक का अध्ययन किया और अपने ज्ञान पर विश्वास कर उसने पहली उड़ान भरी। जरा सोचिए, इस असंभव दिखने वाले जोखिम भरे काम को करने की योजना बनाना व फिर उसे अमल में लाना, कितने साहस का काम रहा होगा ! छोटी-छोटी असफलताओं से भी वह डरा नहीं, क्योंकि उसे अपनी जीत का भरोसा था। कल्पना कीजिए, अपने पर इतना असाधारण विश्वास रखनेवाले व्यक्ति यदि इस दुनिया में नहीं होते तो आज हम कहाँ होते और यदि उनकी संख्या और अधिक हो तो हम कहाँ होंगे !

टरगोट ने कहा है–'मैं कोलंबस की दाद देता हूँ, इसलिए नहीं कि उसने नई दुनिया खोजी थी बल्कि इसलिए कि वह एक धारणा पर विश्वास करके उसे ढूँढ़ने निकल पड़ा था।'

निर्धारित योजना पर विश्वास के बिना कोई भी बड़ा कार्य संभव नहीं है। यह बात पूरी तरह सत्य है कि आपका नजरिया आपकी ऊँचाई

निर्धारित करता है, आप जहाँ खुद को रखेंगे, वहीं पहुँचेंगे, आपकी नजर की ऊँचाई आपका कद तय करेगी।

आपका अपनी क्षमता पर विश्वास निर्भर करता है आपके पिछले अनुभवों पर और अपने प्रति सकारात्मक या नकारात्मक रुख पर। आप जो संभव समझते हैं, वही हासिल करते हैं और अपने आपको जिसके योग्य पाते हैं, वही प्राप्त करते हैं।

मैं यह पुस्तक आपके लिए प्रस्तुत नहीं कर पाती यदि मैंने मेहनत न की होती और मुझे इसकी सफलता का भरोसा नहीं होता और आप भी इसे पढ़ नहीं रहे होते यदि आपको कुछ पढ़कर उसका लाभ उठाने की अपनी क्षमता पर भरोसा नहीं होता। यह आपका अपने पर विश्वास का प्रतीक ही तो है।

जिन लोगों को आत्मविश्वास होता है, उन्हें यह भी फायदा है कि उनकी बातें और ज्यादा सुनी और समझी जाती हैं। आप अपने आस-पास देखेंगे तो पाएँगे कि जिन्हें आत्मविश्वास होता है, लोग उनकी ओर अधिक ध्यान देते हैं। आपका अपने आप पर भरोसा आपके व्यक्तित्व से ही स्पष्ट होता है। आपने महसूस किया होगा कि जिस परिस्थिति में आप ज्यादा आत्मविश्वास महसूस करते हैं वहाँ आप ज्यादा खुली और साफ आवाज में बात करते हैं, आपकी मुद्रा ही बदल जाती है। जब कोई अजनबी कमरे में दाखिल होता है तो क्या उसकी चाल से ही हमें उसके आत्मविश्वास का कुछ अनुमान नहीं हो जाता!

यह दुनिया उसी की है जिसे अपने पर विश्वास हो। जब आप महसूस करते हैं कि आप किसी कार्य को कर पाएँगे तो उसे कैसे करना होगा, यह स्वयं ही समझ में आने लगता है। अगर ऐसा नहीं होता तो मनुष्य आसमान की ऊँचाई कैसे नाप पाता, चाँद पर कैसे उतर पाता!

विश्व की संपूर्ण प्रगति इसलिए संभव हो पाई क्योंकि कोई था वहाँ, जिसे खुद पर भरोसा था, वह जानता था कि वह यह कार्य पूर्ण कर सकता है।

जब मेरी एक सहेली ने अपनी छोटी-सी पूँजी से, बिना पूर्व अनुभव के आभूषणों का अपना कारोबार शुरू करना चाहा, तो सभी ने उसे निरुत्साहित किया। यहाँ तक कि उसके पति का भी यही सोचना था कि यह काम उसके लिए मुश्किल होगा। परंतु जब वह अपने फैसले पर दृढ़ रही तो सभी ने यह सोचा कि वह प्रयास करके जल्दी ही हार जाएगी व व्यवसाय छोड़ देगी। आखिरकार उसके पास अनुभव एवं पैसा दोनों की कमी थी और फिर इस व्यापार में जमे हुए व्यापारियों के साथ प्रतिस्पर्धा करना भी तो मुश्किल था।

किंतु परिश्रम, लगन तथा विश्वास की जीत हुई और मेरी सहेली को सफलता हासिल हुई। उसे शुरू में छोटी-मोटी असफलताओं का सामना जरूर करना पड़ा था, किंतु वह उनसे डरी नहीं वरन् उनसे सीख लेती गई। और दस वर्षों के अनवरत परिश्रम के बाद आज वह एक फूलते-फलते कारोबार की मालकिन है और उसके पति भी अक्सर उसका हाथ बँटा दिया करते हैं। इस वर्ष उसने तीस करोड़ का व्यापार किया।

श्लैगल का कहना है—'वास्तविक जीवन में हर महत्त्वपूर्ण उपलब्धि की शुरुआत तथा उसका पहला कदम विश्वास पर रखा जाता है।'

ऊँचाइयाँ हासिल करनेवाले व्यक्ति हम सब से भिन्न नहीं होते। फर्क सिर्फ इतना है कि एक आम आदमी अपने को मामूली मानता है। उसकी परवरिश और सामाजिक हालात उसे यह विश्वास दिला ही डालते हैं कि ऊँचाइयाँ उसके लिए नहीं हैं, और वह अपने जीवन में विशेष कुछ नहीं कर पाएगा। वह ऊँचे ख्वाब देखने से डरता है। उससे कहा गया है कि विकास एक 'पिरामिड' की तरह है, जिसके ऊपर कोई

जगह नहीं होती है और वह इस पर विश्वास करने लगता है। 'ऊपर जगह नहीं है', यह उसके दिमाग में घर कर जाता है और वह प्रगति की सीढ़ियाँ चढ़ने की कोशिश ही नहीं करता। वह ऊपर देखने से भी डरता है। वह डरता है कि यदि वह ऊपर चढ़ने की कोशिश करेगा तो 'पिरामिड' से फिसल जाएगा। अंततः वह अपने जीवन से समझौता कर लेता है। वह आसमान की तरफ देख ही नहीं पाता, जिसकी ऊँचाई की कोई सीमा नहीं है और जहाँ जगह की भी कोई कमी नहीं है। जो थोड़े-से लोग ऊपर देख पाते हैं आगे बढ़ जाते हैं।

अपने आपको मामूली मान लेना सफलता के रास्ते का सबसे बड़ा अवरोध है। हम से बार-बार कहा जाता है—'वास्तविकता में रहो, ज्यादा ऊँचे ख्वाब मत देखो', तो हम इसे मान जाते हैं। इन नकारात्मक सुझावों को हतोत्साहित होकर स्वीकार कर लेने का कारण कुछ हद तक हमारी मामूली सोच है और कुछ कड़ी मेहनत से डर भी है। कड़ी मेहनत हम इसलिए नहीं करते क्योंकि हमें विश्वास नहीं होता कि हम सफल हो सकते हैं, और मेहनत न करके हमें अपनी असफलता को ढकने का बहाना मिलता रहता है। हम स्वयं को समझाते रहते हैं कि हम योग्य तो बहुत हैं, सिर्फ मेहनत न करने के कारण उतने सफल नहीं हो पा रहे हैं।

अपने पर विश्वास न कर पाने का दूसरा कारण है डर। डर विभिन्न प्रकार से हमारे आत्मविश्वास को डिगाता है। डर किसी भी प्रकार का हो सकता है, जैसे—परीक्षा में असफल होने का डर, लोगों से मिलने का डर, अपनी बात न कह पाने का डर, अच्छा प्रभाव न डाल पाने का डर, व्यापार में नुकसान होने का डर, गलत पूँजी-निवेश का डर, प्रेम में झिड़के जाने का डर, अपने बच्चों को सही सीख न दे पाने का डर इत्यादि। यह सूची काफी लंबी हो सकती है और डर किसी भी प्रकार का

हो सकता है, किंतु एक बात तय है—हर डर सच्चा होता है और इसे आप चाहने से नहीं मिटा सकते। हम अपने को बेवकूफ भी नहीं बना सकते कि हमें कोई डर नहीं है। डर को न मानने से वह घटता नहीं है, वरन् और गहरा हो जाता है।

किसी भी प्रकार के डर पर विजय पाने का एकमात्र तरीका है कि हम उससे निजात पाने की दिशा में काम करें। यदि हम परीक्षा में असफल होने से डरते हैं तो हमें और मेहनत करनी होगी और अगर फिर भी डर कम न हो तो उसके कारणों पर गौर करना होगा। यदि हम लोगों से मिलने से डरते हैं तो हमें अपने विचारों और सोचने के तरीके को नए ढंग से देखना होगा और फिर बदलाव लाना होगा—चाहे स्वयं या किसी की मदद से। यदि हम व्यापार व पूँजी-निवेश में नुकसान से डरते हैं तो हमें उनके बारे में पूरी जानकारी लेनी होगी तथा अपने विकल्पों को परखना होगा। यदि हम प्रेम में झिड़के जाने से डरते हैं तो हमें उसे सकारात्मक ढंग से सोचना होगा। अपने बच्चों को सही सीख देने के लिए हमें कुछ समय उनके साथ गुजारना होगा, उन्हें समझना होगा। अपने काम की जानकारी एवं उसे किस प्रकार करना है हमारे डर को कम करने में सहायक होती है। जब तक हम अपने भय के कारणों की गहराई में जाकर उन्हें ठीक नहीं करते, वे बार-बार हमारे सामने आते रहेंगे। एक कठिन परिस्थिति हमें तब तक जड़वत् रखती है जब तक हम उसे सुलझाने के लिए तत्पर नहीं हो जाते।

डेविड श्वार्ट्ज के अनुसार—'जब हम गंभीर समस्याओं से घिरते हैं तो क्रियाशील होने तक हम बुत बने रहते हैं। उम्मीद एक शुरुआत होती है, किंतु उम्मीद को जीत में परिवर्तित करने के लिए क्रिया की जरूरत होती है।'

जब हम किसी समस्या को सुलझा नहीं पाते तो हम उसके बारे में टालमटोल करने लगते हैं, किंतु जब हम उसका सामना करने के लिए अपने आपको तैयार कर लेते हैं तो हम पाते हैं कि हमारा डर निकल गया है और हम साहस के साथ समस्या को सुलझा लेते हैं। एक पैराशूट से छलाँग लगानेवाला अपनी पहली छलाँग लगाता है। जब तक वह विमान में रहता है उसे गिरने का डर होता है, किंतु ज्यों ही वह कूदता है, उसका डर कम हो जाता है और वह धरती पर सुरक्षित उतर आता है। हर छलाँग उसके साहस को बढ़ाती है और वह दक्षता प्राप्त कर लेता है। यदि उसे भय निकल जाने तक विमान में ही रहने की अनुमति मिल जाती तो हर क्षण उसका भय बढ़ता जाता और उसके लिए छलाँग लगाना असंभव नहीं तो और कठिन जरूर हो जाता।

आत्मविश्वास की कमी पुरानी नकारात्मक यादों का परिणाम भी होती है। मनुष्य अपने गुजरे हुए कल की यादों और अनुभवों का ताना-बाना है। इन्हीं अनुभवों में से जो उसके आज के लिए जरूरी होता है, मनुष्य के व्यवहार को प्रभावित करता है। उसके जीवन के सभी अनुभव उसकी सोच को कार्यान्वित करते हैं। जीवन की घटनाओं का हम जो अपने लिए अर्थ निकालते हैं, जो एहसास उससे हमें मिलता है, वही हमारा अनुभव होता है। और जो हमने महसूस किया, जो हमने जाना, वही हमारा अपना सत्य होता है। वाकई में क्या हुआ, इस बात का उस सत्य से कोई संबंध नहीं।

हमारे अंतःकरण को वही पता होता है जो हम उसे बताते हैं। यदि हम उसे नकारात्मक विचारों से भर देंगे तो वह शक व अविश्वास से भर जाएगा और नई चुनौतियों को स्वीकार नहीं करेगा। यदि आप अपने आप से कहेंगे, 'तुम अयोग्य हो। देखो, पिछली बार कैसे असफल रहे थे,' 'तुम्हें

इस कार्य को करने की सही जानकारी नहीं है', 'प्रयास करके अपना मजाक मत बनवाओ, लोग तुम पर हँसेंगे', तो ऐसी स्थिति में आप अपने पर विश्वास कैसे रख पाएँगे !

वहीं दूसरी ओर, यदि आप सकारात्मक रुख अपनाते हैं एवं अपने आप से कहते हैं, 'तुम जरूर सफल होगे। याद करो, पिछली बार कैसे सफल रहे थे', 'डरो मत, तुम अब ज्यादा अनुभवी हो', 'हौसला रखो, यदि पहली बार में सफलता नहीं भी मिली तो भी तुम्हें कीमती अनुभव मिलेगा, जो अगली बार तुम्हें सफल बनाएगा', तो आपका आत्मविश्वास बढ़ेगा और आप काम करने का साहस कर पाएँगे।

एमरसन ने कहा है—'आत्मविश्वास वीरता का सार है। हम सभी का जीवन सकारात्मक-नकारात्मक, प्रोत्साहित-निरुत्साहित करनेवाले, प्रिय-अप्रिय इत्यादि अच्छे-बुरे अनुभवों से गुजरता है। सफल व्यक्ति सकारात्मक तथा प्रिय अनुभवों को याद रखते हैं, जबकि असफल व्यक्ति नकारात्मक तथा अप्रिय अनुभवों को याद रखते हैं। यही आत्मविश्वास में फर्क का बहुत बड़ा कारण होता है। हमारे नकारात्मक अनुभव, वास्तविक या काल्पनिक, हमारे विश्वास को सबसे अधिक डगमगाते हैं, जबकि दूसरी ओर, सकारात्मक सोच हमारे विश्वास को प्रोत्साहित करती है और हम सुख का अनुभव करते हैं।'

इन बातों पर आप खुद अमल करके देखिए, आप पाएँगे कि ये कितने सरल तथा फलदायक हैं। अपनी आँखें बंद कीजिए, चिंताओं को छोड़ दीजिए और मुस्कराने की चेष्टा कीजिए (यदि आपका मन न भी हो तब भी मुस्कराने के लिए अपने को बाध्य कीजिए) अब अपने किसी ऐसे सुखद अनुभव को याद कीजिए जब आपने सफलता पाई थी और प्रोत्साहित

महसूस किया था। क्या आप पहले से अधिक प्रोत्साहित व खुश महसूस नहीं कर रहे हैं ?

आत्मविश्वास की कमी का एक और कारण यह है कि हम दूसरों की राय से प्रभावित होते रहते हैं। जब वे हमसे कहते हैं कि हम यह कार्य नहीं कर सकते तो हम उनकी राय मान लेते हैं और अपना साहस खो देते हैं। एक सफल व्यक्ति दूसरों की नकारात्मक राय से डरता नहीं है, बल्कि उनसे प्रश्न करता है, 'क्यों नहीं ?' उसपर विचार करता है, अगर उससे कुछ सीख सकता है तो सीखता है और आगे बढ़ जाता है। एक सफल व्यक्ति जानता है कि ऐसा कोई भी कार्य नहीं है जिसे कोई दूसरा कर सकता है और वह नहीं। उसे अपने पर भरोसा होता है और यही उसके लिए महत्त्व रखता है। सदा याद रखिए, अगर आप अपने को किसी सीमा में बाँधते हैं तो यह आपका स्वयं लगाया गया प्रतिबंध है।

शैरी कार्टर स्कॉट ने कहा है–'जब आप अपने पर भरोसा करते हैं तो अपनी पूरी योग्यता तथा शक्ति अपने चुने कार्य के पीछे लगा देते हैं। जब आप अपने निर्णय का साथ देते हैं तो कामयाबी की संभावना कई गुना बढ़ जाती है।'

अपने आस-पास के सभी कामयाब व्यक्तियों को देखिए। देखिए, किस तरह वे अपने पर विश्वास करते हैं तथा मुश्किल समय में भी उसे जीवित रखते हैं। देखिए, किस तरह वे अपने मार्ग में आनेवाली बाधाओं को अपने मार्गदर्शन का साधन बनाते हैं। देखिए, किस तरह वे अपने तथा दूसरों के नकारात्मक विचारों को दूर रखते हैं स्वयं के बारे में भी और दूसरों के बारे में भी। यदि आप दूसरों के अवगुणों का उनसे कुछ सीख पाने के बजाय विश्लेषण करते हैं तो अनजाने में स्वयं उन्हें ग्रहण करने का खतरा मोल लेते हैं। देखिए, किस तरह सफल व्यक्ति दूसरों की

प्रतिकूल राय को अनदेखा करते हैं और जहाँ जरूरत हो उससे सीख भी लेते हैं। देखिए, वे किस तरह से दूसरों के अवगुणों की, यदि उनका उनसे कोई संबंध नहीं है, उपेक्षा करते हैं। और देखिए, किस तरह वे सफलता के मार्ग पर बढ़ते हैं।

थोड़ी-सी लगन तथा सही सोच से हम सभी अपना आत्मविश्वास मजबूत कर सकते हैं। यह वही जादुई शब्द है जो दुनिया को निरंतर विकासशील बनाए हुए है। आपके लिए भी यह यही करेगा। कोई कारण नहीं है कि आप अपने पर विश्वास नहीं कर सकते! हमेशा जानिए कि आप एक गुणवान् व्यक्ति हैं और स्वयं के मालिक हैं, आप किसी से कम नहीं हैं, जब तक कि आप स्वयं ही अपने आपको अयोग्य न मान लें। अपने में आत्मविश्वास जगाना उतना कठिन नहीं है जितना आप समझते हैं।

इन चंद बातों का ध्यान रखिए और इन्हें अपने लिए चमत्कार करने दीजिए–

1. **सदा याद रखें :** आप अपनी सोच से ज्यादा बेहतर हैं। असफलताएँ बुद्धिमान् का मार्गदर्शन करती हैं। आपका स्वयं पर विश्वास ही अर्थपूर्ण होता है। यह मानकर चलिए कि आप मंजिल पाने के योग्य हैं, उसकी कल्पना कीजिए, फिर योजना बनाइए और आगे बढ़िए।

2. कठिन परिश्रम से कभी मत डरिए। बिना सीढ़ी चढ़े कोई भी मंजिल तक नहीं पहुँचता।

3. किसी भी डर को बाधा मत बनने दीजिए। डर से डरा नहीं जाता, उसपर विजय पाने के लिए काम किया जाता है।

4. अपने मन से सभी नकारात्मक विचार निकाल दें और अपनी उपलब्धियों पर ध्यान केंद्रित करें। दूसरों के विषय में भी सकारात्मक ही सोचें, नकारात्मक विचार सकारात्मक परिणाम नहीं देते।

5. बड़े सपने देखने से संकोच न करें। एक छोटे-से घर की नींव पर महल का निर्माण नहीं हो सकता है।

6. दूसरों की अपने बारे में प्रतिकूल धारणा पर ध्यान न दें। आप अपने बारे में उनसे ज्यादा जानते हैं।

7. अपने आस-पास के सफल व्यक्तियों को देखिए। गौर कीजिए कि वे कैसे काम करते हैं और खुद को तथा अपने काम को कैसे सँभालते हैं, किस तरह पहले से योजना बनाते हैं और कैसे अपनी कठिनाइयों पर विजय पाते हैं।

8. **हमेशा जानिए :** कोई भी कार्य यदि किया जा सकता है तो उसे आप भी अवश्य कर सकते हैं।

नियम
तीसरा

परिवर्तनशील बनें : सीखिए और बेहतर बनिए

आप तभी बदल सकते हैं जब आप बदलना चाहेंगे

समयानुसार गतिमान होइए

*यदि आप स्वयं नहीं बदलेंगे
तो जिंदगी आपको बदल देगी।
किंतु ऐसा आपकी इच्छा के अनुसार नहीं होगा।*

परिवर्तन जीवन का सार नियम है, इससे घबराइए मत। मुझे याद है, जब मैं पहली कक्षा में थी तो हमें सजीव एवं निर्जीव में अंतर बताया गया था। हमें बताया गया था कि जीव का रूप समय के साथ बदलता रहता है, किंतु निर्जीव वस्तु हमेशा एक-सी ही रहती है। चूँकि बदलाव जीवन की आत्मा है, कुछ परिवर्तन हम में हर समय हो रहा है और होता रहेगा, चाहे हम उसे महसूस करें या न करें, चाहें या न चाहें। प्रश्न यह नहीं है कि हम बदल रहे हैं या नहीं, प्रश्न यह है कि हमारा बदलाव सही दिशा में हो रहा है या नहीं? हम विकास की ओर गतिमान् हैं या पतन की ओर? हम अपनी इच्छा के अनुसार बदल रहे हैं या समय हमें बदल रहा है?

बेकन ने कहा है–'जो नए विकल्प नहीं अपना सकता, उसे नई मुसीबतों का सामना करना होगा।'

परिवर्तन के बिना कोई भी प्रगति संभव नहीं है। आप अपने ज्ञान तथा अनुभव का तभी लाभ उठा सकते हैं जब आप उसके अनुसार अपनी आगे की सोच में फर्क लाएँ। कोई भी शिक्षा यदि हमें बदलती नहीं है तो वह बेकार है। वह उस पुस्तक की तरह होगी जिसे पढ़ा ही न गया हो।

हम सभी जानते हैं कि बदलाव जीवन का नियम है और हम सभी बदल रहे हैं, फिर भी हम में से बहुत-से व्यक्ति अपने आपको बदलने से डरते हैं। आप कई बार पाएँगे कि वे बड़े गर्व के साथ कह रहे होते हैं, 'मैं नहीं बदलूँगा चाहे कुछ भी क्यों न हो जाए', और वे भरसक प्रयत्न भी करते हैं कि वे न बदलें। परिवर्तन का इस प्रकार विरोध करना जीवन को गलत दृष्टिकोण से देखना, अंतःकरण का कोई भय या द्वंद्व अथवा फिर दोनों हो सकते हैं। परिवर्तन से कतराने वाला व्यक्ति एक सीमित मानसिकता का शिकार होता है और संकीर्ण विचार उसकी प्रगति में बाधक होते हैं।

मानव की सफलता का मुख्य कारण यही है कि वह अपनी बुद्धिमानी से समयानुसार अपने आपको या अपने आस-पास के परिवेश को बदल लेता है। मनुष्य के बराबर बदल पाने की क्षमता अन्य किसी प्राणी में नहीं है और यही उसके सबसे श्रेष्ठ होने का प्रमुख कारण है।

आचार्य निशांतकेतु के अनुसार—'यदि सामनेवाला व्यक्ति या हमारे आस-पास का परिवेश हमारे मनोनुकूल नहीं है या नहीं हो रहा है तो हमें स्वयं को बदल लेना चाहिए और अपने विकास में बाधा नहीं उत्पन्न होने देना चाहिए।' वे कहते हैं—'हम सृष्टि को नहीं बदल सकते, हमें अपनी दृष्टि बदलनी होगी।'

परिवर्तन प्रगति है और प्रगति कभी थमती नहीं है, यह एक बहुआयामी

तथा निरंतर प्रक्रिया है। परिवर्तन, सकारात्मक या नकारात्मक, किसी भी तरह का हो सकता है। आप या तो ऊपर उठते हैं या नीचे आते हैं। किंतु एक ही स्थान पर बहुत समय तक नहीं रह सकते। परिवर्तन मनुष्य की उन्नति और ज्ञान-प्राप्ति के हर क्षेत्र में आवश्यक है। हम इस पुस्तक में सकारात्मक परिवर्तन की चर्चा करेंगे। परिवर्तन, जो हमें विकास के मार्ग पर ले जाएगा और हम अपने इच्छानुसार सफलता प्राप्त कर पाएँगे, परिवर्तन, जो हमें सुख-शांति का अनुभव कराएगा और सदा हमारे साथ रहेगा।

कारलाईल का कहना है–'*आज, बीता हुआ कल* नहीं है—हम स्वयं बदलते हैं, तब कैसे हमारे कार्य तथा सोच, यदि उन्हें सर्वोत्तम रहना है, ज्यों के त्यों रह सकते हैं ?'

मनोवैज्ञानिकों का कहना है, पूरे साक्ष्य व प्रमाण के साथ कि हमारे व्यक्तित्व का मूल अंश हमारे जीवन के प्रारंभिक चंद वर्षों में बन जाता है और फिर जीवन-भर वैसा ही रहता है। हमारी सोच और जीवन को समझने-परखने का हमारा तरीका हमेशा एक-सा रहता है।

मनोविज्ञान के सूत्रधार एल्फ्रेड एडलर ने कहा है–'अपने जीवन-काल के प्रारंभिक पाँच वर्षों के अंत तक एक बालक अपने व्यवहार का एक संपूर्ण व स्पष्ट तरीका अपना लेता है। अपनी समस्याओं एवं कार्यों से निपटने के लिए क्या विधि अपनानी चाहिए, वह समझ लेता है। उसे स्वयं क्या अर्जित करना है तथा संसार से क्या पाना है, इन सबकी भी वह गहरी एवं स्थायी धारणा बना लेता है।'

जीवन जीने का एक निजी तरीका बना लेने के बाद व्यक्ति संसार की सभी घटनाओं तथा अनुभवों को उसी निजी समझ के आधार पर अर्थ

देता है। हम जानते हैं कि प्रत्येक व्यक्ति अपने बीते हुए जीवन व अनुभवों का समावेश होता है। ये अनुभव उसे उसकी व्यक्तिगत सोच के अनुसार उसे प्रभावित करते हैं और उन्हें वह अपना व्यक्तिगत अर्थ देता है, और यही अर्थ उसके लिए महत्त्व रखता है। शुरुआत के अनुभवों और उनकी समझ पर यह बात निर्भर करती है कि वह आगे की घटनाओं को क्या अर्थ देगा।

व्यक्ति की यह समझ, उसके जीवन के प्रथम अनुभवों के साथ, उसके मन पर अपनी छाप छोड़ देती है और जीवन-भर उसके साथ रहती है। यदि यह दोषपूर्ण भी हो तब भी उसे दोष दिखाई नहीं देता। घटना चाहे जो भी रही हो, जो हमने महसूस किया वही हमारा सच होता है और वही हमारे लिए मायने रखता है। यही कारण है कि विभिन्न व्यक्ति एक ही घटना को देखकर उसके अलग-अलग अर्थ निकालते हैं व उसे अलग-अलग तरह से महसूस करते हैं।

परिवर्तन की इच्छा रखना या उससे परहेज करना व्यक्ति की इसी व्यक्तिगत अवधारणा पर आधारित है। एक बच्चा, जो ऐसे लोगों के मध्य बड़ा हुआ हो जो अपनी सोच में लचीले हों और जिन्होंने उसे नए तौर-तरीके व विचारधारा अपनाने में प्रोत्साहित किया हो, तो उसकी एक सकारात्मक सोच अपनाने की संभावना बढ़ जाती है। ऐसे में सीखने व परिवर्तन की ओर उसका व्यक्तिगत रुख कुछ इस प्रकार का हो सकता है—'नए तौर-तरीके अपनाना संतोषजनक है, परिवर्तन सुख की अनुभूति देता है और हमें सफल बनाता है।' हम पाएँगे कि यह बच्चा बड़ा होकर सीखने व स्वयं में आवश्यक बदलाव लाने के लिए तैयार रहेगा और अपने जीवन को एक नया अर्थ देगा।

वहीं दूसरी ओर, यदि व्यक्ति को उसके जीवन के प्रारंभिक वर्षों में

कुछ भी नया करने से निरुत्साहित किया गया हो, उसका मजाक बनाया गया हो या उसे दंड दिया गया हो, तो वह नई सोच व विचारों से दूर रहने लगेगा। उसे अपने आप पर कम भरोसा होगा और वह परिवर्तन लाने से डरेगा। वह अपने आस-पास एक दीवार-सी खड़ी कर लेगा और उसकी व्यक्तिगत सोच कुछ इस प्रकार हो सकती है–'कुछ भी नया मत करो, जैसे हो वैसे ही रहो। बदलाव परेशानी उत्पन्न करेगा, उससे कोई लाभ नहीं होगा।' यह बच्चा जब बड़ा होगा तो किसी भी प्रकार के परिवर्तन का विरोधी होगा।

यदि परिवर्तन संभव ही नहीं तो हम जानना चाहेंगे कि हम उसकी कोशिश कर ही क्यों रहे हैं ? 'स्व-सहायता' से संबद्ध पुस्तकें क्यों लिखी जाती हैं व हम क्यों उन्हें पढ़ते हैं ? हम क्यों प्रोत्साहन-वार्ता में भाग लेते हैं ? क्या यह सब निरर्थक है, समय की बर्बादी है ? क्या हमें केवल जीना, भुगतना और चले जाना है ?

प्रिय पाठक, मैं आपको भरोसा दिलाना चाहती हूँ कि आपको निराश होने की बिल्कुल आवश्यकता नहीं है। जीवन की त्रुटियों को अवश्य सुधारा जा सकता है। बस इसमें आपकी अपनी प्रेरणा व लगन की आवश्यकता होती है। याद रखिए, यदि आप संभव बनाना चाहें तो कुछ भी असंभव नहीं है। हम तभी बदल सकते हैं, जब हम अपने अंतःकरण से अपनी सोच को बदलें और यह तभी संभव होगा जब हमारा अपना मन कहेगा और करेगा। परिवर्तन एक आंतरिक प्रक्रिया है और आंतरिक प्रक्रिया में बाहरी दबाव का कोई स्थान नहीं होता। यदि आप किसी को बदल सकते हैं तो वह आप स्वयं हैं।

आप जीवन में किसी भी घटना को जो अर्थ देते हैं वह उस घटना पर नहीं वरन् उस घटना से उपजी आपकी अपनी समझ पर निर्भर करता है।

किसी कार्य में एक छोटी-सी असफलता एक व्यक्ति को निराश कर सकती है, जबकि दूसरा व्यक्ति उससे नई प्रेरणा ले सकता है। एक ही घटना पर दो लोगों की अलग-अलग प्रतिक्रिया हुई और इसीलिए अलग-अलग व्यवहार हुआ। यह जो दो लोगों की प्रतिक्रियाओं और व्यवहारों में अंतर है, यही अंतर है दोनों के किसी चीज को देखने के नजरिए में और उसे अर्थ देने में। हम जानते हैं कि हम अपने अनुभवों को अपने व्यक्तिगत दृष्टिकोण के आधार पर समझते हैं और यह सोच हमारे बाल्यकाल में बन जाती है। किसी घटना का हमारा पहला अनुभव यदि सुखद होगा तो भविष्य में भी हम उस परिस्थिति में सुख अनुभव करेंगे और यह हमारे निजी दृष्टिकोण का रूप ले लेगा। किंतु एक बार जब हमारी सोच रूप ले लेती है तो उसे बदलना मुश्किल होता है।

इसी प्रकार हमारे दृष्टिकोण में यदि कोई त्रुटि आ जाती है तो वह तभी ठीक हो सकती है जब हम स्वयं इस बात को महसूस करें कि हमारी सोच में कोई गलती है व हम खुद उसमें सुधार करना चाहते हों। अपने मन की गहराई में तो हमें खुद ही जाना होगा।

फिलिप मैक्ग्रॉ ने अपनी पुस्तक 'लाइफ स्ट्रैटजीज' में कहा है—'यदि आप अपनी त्रुटियों को व अपने विनाशकारी व्यवहार को नहीं पहचानेंगे तो वह न सिर्फ चलता रहेगा वरन् और बढ़ता जाएगा और आपकी आदत में इस तरह गहराई से शामिल हो जाएगा कि उसे सुधार पाना और अधिक कठिन होता जाएगा।'

मेरी एक सहेली को उसके वैवाहिक जीवन में कठिनाइयों का सामना करना पड़ रहा था। वह हर कार्य को अपने ढंग से ही करना चाहती थी। जब भी उसके पति अलग ढंग से कुछ करना चाहते तो वह आशंकित महसूस करती व जिद पर अड़ी रहती। वह हंगामा खड़ा कर देती। उसके

इस व्यवहार से उसके पति तंग आ चुके थे। मेरी सहेली का बचपन मुश्किलों में गुजरा था और उसे हर समय अपनी बात मनवाने के लिए जिद करनी होती थी, तभी उस पर ध्यान दिया जाता था। अपने वयस्क जीवन में भी वह यही कर रही थी। किंतु जब उसके पति ने अलग हो जाने का प्रस्ताव रखा, तब वह किसी सलाहकार के पास गई। उसने उसे यह पहचानने में मदद की कि गलती कहाँ हुई है और उसका परिवार बच गया।

अपनी मदद करने का पहला कदम है कि आप पहचानिए कि आप में क्या त्रुटि है। अपना सुधार कर पाने के लिए पहले हमें यह जानना जरूरी है कि हमें सुधार की जरूरत है या नहीं, अन्यथा हम अपना सुधार कैसे करेंगे ! जब तक हमें पता नहीं होगा कि हमारी कार खराब है, तब तक हम उसे मैकेनिक के पास नहीं ले जाएँगे, हम उसे वैसे ही खराब हालत में चलाते रहेंगे और किसी दिन वह बीच सड़क पर खड़ी हो जाएगी। परेशानी को नजरअंदाज करने से वह कम नहीं होती वरन् और बढ़ जाती है।

अपनी गलती को मानना आधे सुधार के समान है। जब हम महसूस करते हैं कि हमें सुधार की आवश्यकता है तो हम अपने में सुधार करने के लिए ज्यादा तत्पर होते हैं। इसके लिए हमें गहराई में जाकर उसे समझना होता है कि हमारी यह गलत सोच कब और कैसे बनी, और इस गलत सोच ने किस तरह हमारे अनुभवों व कार्यों को गलत अर्थ दिया है। यह कार्य हम स्वयं भी कर सकते हैं और यदि जरूरत हो तो मनोविश्लेषक की सहायता भी ले सकते हैं। किंतु यह परिवर्तन आपको अपने भीतर से करना होगा। यह कार्य किसी के लिए एकदम सरल और किसी के लिए अत्यंत कठिन हो सकता है। किंतु अगर आप स्वयं को और अपने जीवन

को मूल्यवान् समझते हैं तो कुछ भी आपके लिए कठिन नहीं होगा। आप जानते हैं कि जीवन बहुमूल्य है, आखिर आपको 3,000,000 करोड़ अवसरों में से एक अवसर मिला है मानव-जीवन पाने का, उसका भरपूर लाभ उठाएँ।

देखा गया है कि अधेड़ उम्र की ओर अग्रसर व्यक्ति अक्सर परिवर्तन से कतराने लगते हैं। वे बुढ़ापे से डरते हैं और इस कारण परिवर्तन का विरोध करने में उन्हें एक झूठी सुरक्षा का एहसास होता है। यही कारण है कि कभी-कभी वे अपनी उम्र के अनुकूल व्यवहार नहीं करते या उम्र के अनुकूल उनकी वेशभूषा नहीं होती। समय के साथ न बदलने से कभी कोई लाभ नहीं होता, सिर्फ निराशा ही हाथ आती है। मजाक बनता है वह अलग।

यदि आप समयानुसार नहीं बदलेंगे तो समय आपको बदल देगा, किंतु वह आपके हित में नहीं होगा और न ही आपकी मर्जी का होगा। आप अप्रचलित अवश्य हो जाएँगे।

सीवर्ड का कहना है—'संसार में परिस्थितियाँ इतनी परिवर्तनशील हैं कि एक अपरिवर्तनीय लक्ष्य या सोच रखना मूर्खता के समान होता है।'

हमारे घर के पास के बाजार में हलवाइयों की दो पुश्तैनी दुकानें थीं। दोनों का व्यापार तेजी पर था और सभी को उनकी मिठाइयाँ पसंद थीं। किंतु समय के साथ लोगों की रुचि में परिवर्तन आने लगा और वे नई मिठाइयों की माँग करने लगे। एक हलवाई ने समय की माँग का ध्यान रखकर नई मिठाइयाँ बनाना शुरू कर दिया, किंतु दूसरा हलवाई अपनी बाबा आदम के जमाने की खासियतों को नहीं छोड़ पाया। जैसे-जैसे समय बीतता गया, नई तकनीक अपनाने वाला हलवाई समृद्ध होता गया,

किंतु दूसरे हलवाई को घाटा होने लगा और अंत में उसकी दुकान ही बंद हो गई। वह समय के साथ नहीं बदला और उसकी चपेट में आ गया।

एक सफल व एक असफल व्यक्ति में फर्क होता है—उनकी अपने में परिवर्तन लाने की इच्छा व शक्ति का अंतर। यदि आप अपनी प्रगति से संतुष्ट नहीं हैं तो आपको अपनी कार्य-शैली बदलनी होगी। यदि 'आप जो कर रहे हैं वैसा ही करते रहेंगे तो जो आप पा रहे हैं वैसा ही पाते रहेंगे, और समय के बदलाव से शायद वह भी न पाएँ।' आप आज जो कर रहे हैं उससे आपके भविष्य पर असर पड़ेगा। सिर्फ आपके चाहने से कुछ नहीं होगा। यदि आप सुधार चाहते हैं तो आपको बदलना ही होगा।

बदलाव का अर्थ यह बिल्कुल नहीं है कि आप अपनी पहचान खो दें या अपना अतीत भूल जाएँ, इसका अर्थ सिर्फ यह है कि आप अपने आप में सुधार लाएँ। हम में से कोई भी दोषरहित पैदा नहीं हुआ था और न ही आज कोई दोषरहित है। जो जल्दी सीखते हैं वे आसानी से आगे बढ़ते हैं व अपने पर ज्यादा भरोसा कर पाते हैं और फिर कोई भी बदलाव या नया अनुभव उन्हें डरा नहीं पाता। यही भरोसा उन्हें स्वयं में बदलाव लाने की हिम्मत देता है और उनके आत्मविश्वास को और दृढ़ करता है। हम जितना ज्यादा सीखते हैं उतना ज्यादा अपने आपको कठिनाइयों का सामना करने के काबिल पाते हैं और उतना ही सफल भी होते हैं।

आगे के अध्यायों में हम सफलता हासिल करने के अन्य गुणों का अध्ययन करेंगे। आप इन गुणों को अपनी सीखने व बदलने की योग्यता के अनुपात में ही ग्रहण कर पाएँगे।

याद रखिए—

1. परिवर्तन जीवन का सार है। यह एक अवश्यंभावी व निरंतर प्रक्रिया है, इसका लाभ उठाइए और आत्म-सुधार के लिए बदलिए।

2. **सदा याद रखिए :** परिवर्तन के बिना कोई प्रगति नहीं हो सकती। आप जितने तत्पर होंगे, बदलाव उतनी ही जल्दी आएगा।

3. परिवर्तन तभी संभव है जब आप पूरी लगन व निष्ठा के साथ बदलना चाहें और आप स्वयं ही इसे कर सकते हैं।

4. बदलाव का प्रतिरोध एक नकारात्मक सुरक्षा का एहसास दे सकता है, किंतु वह बहुत जल्दी व्यक्ति को निष्क्रिय बना देता है।

5. सफल व असफल व्यक्ति में सबसे बड़ा फर्क उनकी परिवर्तनशीलता में होता है। परिवर्तन के बिना कोई सुधार व प्रगति नहीं हो सकती।

नियम चौथा

अपना लक्ष्य पहचानिए

अपना लक्ष्य निर्धारित कीजिए
पहचानिए कि आप क्या चाहते हैं

यदि आपकी कोई मंजिल नहीं होगी तो आप किसी मुकाम पर भी नहीं पहुँचेंगे।

स्कॉट ने कहा है—'लक्ष्य आपकी सफलता के मार्ग को गति प्रदान करता है।'

हमारा लक्ष्य वह मुकाम है जिसे पाने की हम चेष्टा करते हैं, वह हमारी यात्रा का मंजिल है, हमारी इच्छाओं की अभिव्यक्ति है, हमारी दृष्टि का रूप है, हमारे सपनों का साकार होना है। लक्ष्य निर्धारित करना अपने जीवन के अर्थ को पहचानना है, उसे समझना है।

यदि हमें पता ही नहीं होगा कि हमें कहाँ जाना है तो हम मार्ग में जरूर खो जाएँगे। अपने गंतव्य तक पहुँचने के लिए हमें अपनी मंजिल का पता होना जरूरी है। कहानियों में हमने पढ़ा है कि किस तरह लोग भटकते हुए महलों या सोने की खदानों तक पहुँच जाते हैं, किंतु वास्तविक जिंदगी में ऐसा कभी नहीं होता। कहानियाँ तो फिर कहानियाँ ही होती हैं। वास्तविक जिंदगी में भटकते हुए हम कुएँ और खाई से बच जाएँ, यही बहुत होगा, महलों में पहुँचने का तो सवाल ही नहीं उठता। हम बिना नुकसान के वापस आ जाएँ, यही बड़ी बात होगी और यह भी तभी होगा

जब भाग्य हमारा साथ देगा (देखिए, यहाँ भाग्य की कितनी जरूरत है)। किंतु अगर हमने समय रहते सबक नहीं सीखा तो शायद अगली बार हम इतने भाग्यशाली न हों।

कुछ भी करने से पहले हमें यह जानना अत्यंत जरूरी है कि हम करना क्या चाहते हैं। कुछ भी, कैसा भी करने से पहले लक्ष्य-निर्धारण जरूरी है, तभी हम उसके लिए प्रयास कर सकते हैं। हम मंजिल तय किए बिना यात्रा शुरू नहीं कर सकते, निशाना साधे बिना तीर नहीं चला सकते, बिना नक्शा तैयार किए घर की नींव नहीं खोद सकते, कुछ पकाने से पहले हमें सोचना होगा कि हम क्या पकाना चाहते हैं और इसी प्रकार कुछ भी लिखने से पहले हमें सोचना होगा कि हम लिखना क्या चाहते हैं। कहने का मतलब है, बिना सोचे-समझे हम कुछ नहीं कर सकते, सराहने योग्य तो बिल्कुल नहीं। लक्ष्य निर्धारित करना मंजिल तक पहुँचने की पहली सीढ़ी है और पहली सीढ़ी चढ़े बिना कोई चढ़ाई शुरू नहीं हो सकती।

फिलिप मैक्ग्रॉ ने कहा है—'यदि आप यह नहीं बता सकते, और वह भी एकदम स्पष्टता के साथ कि जो आप करना चाहते हैं वह क्या है, तो आप कभी भी उसे हासिल नहीं कर सकते।'

कोई भी सपना तब तक साकार नहीं हो सकता जब तक वह देखा ही न गया हो और कोई भी कार्य तब तक शुरू नहीं हो सकता जब तक कि वह सोचा न गया हो। लेखक के लिए विचार का दिमाग में आना आधी सफलता मानी जाती है, वह अपने विचार लेकर सो सकता है और उठकर उसे अपने दिमाग में स्पष्ट पा सकता है। विचार लेखन का आधार है। वह लेखक को बताता है कि उसे क्या लिखना है। किंतु कोई भी लेखक एक पुस्तक तब तक नहीं लिख सकता जब तक वह उसकी पूरी

तैयारी न कर ले। कोई भी बड़ा काम आप बिना योजना बनाए नहीं कर सकते और कोई भी योजना आप तब तक नहीं बना सकते जब तक आप जानते ही न हों कि आप क्या चाहते हैं।

सफलता के लिए लक्ष्य-निर्धारण जरूरी है, इसलिए जीवन में जितनी जल्दी हो सके हमें अपने लक्ष्यों का चयन कर लेना चाहिए। हमारी प्रगति के लिए यह बहुत महत्त्वपूर्ण है। बच्चों को हमें जीवन में जितना जल्दी हो सके लक्ष्य निर्धारित करने के लिए प्रोत्साहित करना चाहिए। शोध द्वारा पता चला है कि जो बच्चे हाई स्कूल तक पहुँचने से पहले ही अपना लक्ष्य तय कर लेते हैं वे ज्यादा सफलता प्राप्त करते हैं। वह बच्चा, जिसे पता है कि उसे बड़ा होकर क्या बनना है, बढ़ते हुए सहजता से अपने क्षेत्र में काम आनेवाला ज्ञान अर्जित कर लेगा और बड़ा होने पर अपने लक्ष्य की प्राप्ति के लिए ज्यादा अच्छी तरह तैयार होगा। जल्दी लक्ष्य-निर्धारण करना उन क्षेत्रों में और ज्यादा जरूरी है जहाँ शारीरिक योग्यता की भी आवश्यकता होती है। एक गायक जब बचपन से ही रियाज शुरू कर देता है तो ज्यादा ऊँचाई हासिल करता है। यही कारण है कि खिलाड़ियों को भी बचपन से ही ट्रेनिंग लेना जरूरी होता है।

टी.टी. मुंगेर का कहना है—'विधाता के पास उसके लिए कुछ भी शीर्ष व श्रेष्ठ नहीं है, जिसे भली प्रकार यह न मालूम हो कि वह चाहता क्या है। लक्ष्य-निर्धारण सफलता की अनिवार्य शर्त है।'

जरा सोचिए, एक छात्र जो अपनी स्कूली शिक्षा पूरी करनेवाला हो और उसे यह पता न हो कि वह जीवन में क्या करना चाहता है, वह नहीं जानता हो कि उसे गायक बनना है या वैज्ञानिक, डॉक्टर बनना है या इंजीनियर, वकील बनना है या व्यापारी, शिक्षक बनना है या सरकारी कर्मचारी अर्थात् अपने भविष्य को लेकर उसका कोई लक्ष्य ही न हो तो

वह क्या कर पाएगा ! क्या वह किसी भी क्षेत्र में लगन से काम कर पाएगा ? क्या वह बिना लक्ष्य के कोई विशेष ज्ञान अर्जित कर पाएगा ?

अब दूसरी ओर ऐसे छात्र को देखें जिसने अभी से तय कर लिया है कि वह बड़ा होकर वैज्ञानिक बनना चाहता है। यह छात्र पहले छात्र से निश्चित ही भिन्न होगा। यह छात्र, क्योंकि इसका लक्ष्य निर्धारित है, अपनी शिक्षा ज्यादा लगन से हासिल करेगा। वह स्वतः ही अपने कार्य से संबद्ध ज्ञान को ज्यादा अच्छी तरह ग्रहण करेगा, विज्ञान के विषयों पर ज्यादा ध्यान देगा और अपनी स्कूली शिक्षा पूर्ण होने तक अच्छे कॉलेज में दाखिले के लिए तैयार होगा। हर कदम पर वह अपनी मंजिल की तरफ बढ़ रहा होगा और हम उसकी सफलता की ज्यादा उम्मीद रखते हैं।

सभी सफल व्यक्तियों में यह गुण समानता से पाया जाता है कि उनके लक्ष्य निर्धारित होते हैं। लक्ष्य हमें सफलता की ओर खींचता है और काम करने की प्रेरणा व शक्ति देता है, हमारी क्षमता बढ़ाता है और हमारा समय बर्बाद होने से बचाता है। यदि हम विभिन्न क्षेत्रों में प्रयोग व गलतियों के आधार पर सीखना चाहेंगे तो यह हमें बहुत महँगा पड़ेगा।

लक्ष्य निर्धारित करते समय इस बात का जरूर ध्यान रखें कि आपका लक्ष्य आपकी अपनी आंतरिक इच्छाओं व जरूरतों के अनुकूल हो, आपके अंतःकरण से मेल खाता हो। यदि आपका लक्ष्य आपके व्यक्तित्त्व से मेल नहीं खाता है और आपने उसे किसी बाहरी दबाव के कारण निर्धारित किया है, तो आप सही मायने में उसे अपना नहीं पाएँगे। आपको हर समय अपने लक्ष्य के सही न होने का एहसास होगा और यह आपको अपने लक्ष्य की ओर पूरी लगन से कार्य करने से रोकेगा। यह आपकी सफलता के मार्ग में रोड़े अटकाएगा और आप पूरी मेहनत नहीं कर पाएँगे।

सदा याद रखिए, आपके लक्ष्य आपके अपने होने चाहिए। दूसरों की नकल न करें, उससे निराशा ही हाथ लगेगी। सफलता आपके लिए क्या निजी अर्थ रखती है, यह आपके अपने एहसास के लिए जरूरी है। यदि आप सिर्फ सामाजिक मान्यताओं का ही ध्यान रखेंगे और उसी के अनुसार शक्ति, ख्याति व धन की कामना करेंगे, जो आपके लिए उतना महत्त्व नहीं रखती हों तो उन्हें हासिल करने से भी आप कुछ नहीं पाएँगे और अंततः आपको आंतरिक खालीपन ही महसूस होगा।

हमारी आंतरिक इच्छाएँ हमारे अर्ध-चेतन मन में होती हैं और यह अर्ध-चेतन मन ही हमारा असली रूप है। यह बहुत हद तक स्थायी है। और जब तक हमारा अर्ध-चेतन मन हमारे चेतन मन से मेल नहीं खाएगा, तब तक हम पूरे मन से किसी भी कार्य को नहीं कर पाएँगे और यह हमारी सफलता में बाधक होगा। अपने अंतःकरण के अनुकूल लक्ष्य होने का सबसे बड़ा लाभ यह होता है कि इसमें हमारी प्रगति के मार्ग पर अपने ही बनाए रोड़े नहीं होते। हमारे दोनों मन एक-दूसरे की मदद करते हैं और हमें मार्गदर्शन व शक्ति प्रदान करते हैं। इसका हमारी सफलता में बहुत बड़ा योगदान होता है।

अपने लक्ष्य के विषय में गलत सोचा, बहका हुआ या अस्पष्ट होना हमें बहुत महँगा पड़ता है। अपनी रोजमर्रा की जिंदगी में हम अक्सर ही ऐसे लोगों से मिलते हैं जिन्होंने अपने जीवन का बहुत-सा समय ऐसे लक्ष्य को प्राप्त करने में लगा दिया जो वाकई में चाहते ही नहीं थे और अंत में जब उसे हासिल किया तो निराशा ही उनके हाथ लगी। इससे और बड़ी दुःख की बात नहीं हो सकती और इससे हमें बचना चाहिए।

ऐसी स्थिति विशेषकर तब देखने में आती है जब कोई व्यक्ति किसी ऐसे व्यवसाय में लगना चाहता हो जो समाज के द्वारा ज्यादा लाभदायी

नहीं माना जाता है। उदाहरण के तौर पर, यदि कोई बच्चा चित्रकार बनना चाहता है तो संभव है, उसका परिवार व समाज उसपर दबाव डाले कि वह अपने लक्ष्य पर पुनः विचार करे। ज्यादातर लोग इस व्यवसाय में उतना धन नहीं कमा पाते हैं जितना कुछ अन्य जीविकाओं में, जैसे— वकील या डॉक्टर कमाते हैं। किंतु क्या एक बालक, जिसका मन चित्रकार बनने के लिए प्रेरित हो, डॉक्टर बनने में उतनी मेहनत कर पाएगा ? यदि बाहरी दबाव के कारण उसे अपना निर्णय बदलना भी पड़ा तो वह पूरी लगन से काम नहीं कर पाएगा, उसका अंतःकरण उसके काम में रुकावट बनता रहेगा। संभव है, यदि उसे चित्रकार बनने दिया जाता तो वह बहुत सफल होता और वह दूसरे व्यवसायों के बराबर या उनसे भी अधिक धन अर्जित करता। और फिर, व्यवसाय आपका कुछ भी क्यों न हो, ऊपर हमेशा जगह खाली होती है और वहाँ सभी कुछ सुंदर होता है।

यंग का कहना है–'बहुत छोटा पड़ जाता है उनका बनाया हुआ, जो आसमान से नीचे बनाते हैं।'

हमें माता-पिता व शिक्षक के रूप में नवयुवकों को हिम्मत के साथ ऊँचे ख्वाब देखने के लिए प्रेरित करना चाहिए। उन्हें उनके सपनों व अभिलाषाओं पर बिना रोक-टोक काम करने देना चाहिए। जब कोई नवयुवक अपने लक्ष्य-निर्धारण में मेरी मदद लेने आता है तो मैं उससे कहती हूँ कि वह पहले गंभीरता से विचार करे कि वह क्या चाहता है, वह क्या है जो उसे सबसे अधिक सुख प्रदान करेगा, वह क्या बनना चाहेगा ? मैं उससे कहती हूँ कि वह कल्पना करे कि भगवान् उसके सामने खड़े हैं और उससे उसका लक्ष्य चुनने को कह रहे हैं, ऐसे में वह क्या चुनेगा ? जो कुछ भी अब उसके दिमाग में आता है, उसे अपने मन में साकार रूप देकर देखे कि क्या यही वह लक्ष्य है, जिसे वह पूरे मन से

प्राप्त करना चाहता है ? और यदि उसका उत्तर 'हाँ' है तो वह उसी को अपना लक्ष्य बना ले। पूरी संभावना है कि यही लक्ष्य उसके लिए सही होगा क्योंकि यह उसके भीतर की आवाज होगी। सफलता हर पेशे में संतोष देने वाली होती है चाहे आप डाक्टर हो, वकील हो, इंजीनियर हो, गायक हो, चित्रकार हो, लेखक हो, व्यापारी हों या फिर कुछ और।

ब्लेक ने कहा है–'अपने परों से उड़नेवाली चिड़िया के लिए कोई भी ऊँचाई बहुत ऊँची नहीं है।'

जीवन में देर से निर्धारित किए गए लक्ष्य भी चमत्कार दिखा सकते हैं। बहुत-से लोगों के जीवन में ऐसा हुआ है और आपके साथ भी हो सकता है। अंतर सिर्फ इतना है कि आप अपना खोया हुआ समय वापस नहीं पा सकते हैं। परंतु जैसी कहावत है–'देर आया, दुरुस्त आया', देर से पहुँचना न पहुँचने से तो बेहतर ही है। देर से अपने लक्ष्य पर पहुँचने में आप उस दौरान हुए अपने जीवन के अनुभवों का लाभ अवश्य उठा सकते हैं। आप अपने कार्य में इन अनुभवों से हासिल हुई कार्यकुशलता और बुद्धिमत्ता का लाभ उठा सकते हैं, बशर्ते आप लाभ उठाना चाहें।

उत्कृष्ट सफलता पाने वालों में आप पाएँगे कि वे अपना लक्ष्य-निर्धारण बहुत परिश्रम व लगन के साथ करते हैं और फिर वे अपने आपको पूर्ण रूप से उसे समर्पित कर देते हैं, यही उनकी सफलता का मुख्य कारण होता है।

हिम्मत के साथ अपना लक्ष्य साधिए और फिर पूरी लगन व जोश के साथ उसे हासिल करने का प्रयास कीजिए। दृढ़ निश्चयी व्यक्ति के लिए कुछ भी असंभव नहीं है। ध्यान रहे, आपका लक्ष्य सदा ऊँचा होना चाहिए, ऊँचाइयों से मत डरिए, ऊपर बहुत जगह है। आप अपनी दृष्टि

की ऊँचाई को हासिल करेंगे, उसे अपने योग्य रखिए।

जे० हइवश ने कहा है–'सूरज को लक्षित कीजिए, आप वहाँ तक नहीं भी पहुँचें तो भी आपका तीर उस ऊँचाई से कहीं ऊपर तक जाएगा, जो अपने कद की ऊँचाई की वस्तु को लक्ष्य बनाने से जाता।'

हमें यह भी ध्यान रखना चाहिए कि सिर्फ लक्ष्य-निर्धारण करना ही काफी नहीं होता, उसे हासिल करने के लिए योजना बनानी होती है और उस पर कार्यरत होना होता है। यदि आपका लक्ष्य बड़ा है तो उसे ज्यादा विस्तार से, योजनाबद्ध करना होगा, हिस्सों में बाँटना होगा व उन इकाइयों पर सिलसिलेवार काम करना होगा। उदाहरण के तौर पर, एक लंबी यात्रा जैसा साधारण कार्य भी हिस्सों में किया जाता है। हमें सोचना होता है कि एक दिन में हम कितनी दूरी तय करेंगे, रास्ते में कहाँ रुकेंगे, एक दिन में कितना समय सफर करेंगे, कितने बजे दिन का सफर शुरू करेंगे, हमें कितने दिन लगेंगे इत्यादि। यदि हम बिना सोचे-समझे ही चल पड़ें तो परेशानी में फँसने का खतरा बढ़ जाता है।

हम अपने प्रगति के मार्ग को विभिन्न हिस्सों और लक्ष्यों में बाँट सकते हैं। छोटे-छोटे लक्ष्यों में कार्य को बाँटना हमारी कार्य-क्षमता को बढ़ाता है, हमें प्रेरणा देता है और उत्साहित करता रहता है। जब हम अपने कार्य को हिस्सों में बाँट लेते हैं तो एक हिस्सा पूरा करना हमारी एक छोटी-सी उपलब्धि बन जाती है, जो हमें उत्साहित करती है और हमारा ध्यान केंद्रित रखती है।

जब मैं एक समाचार-पत्र के लिए एक साप्ताहिक कॉलम लिख रही थी तो संपादक ने मुझे कहा कि मैं अपना लेख हर शुक्रवार तक उन्हें भेज दूँ। किंतु मैंने वह दिन बुधवार के लिए निश्चित किया और हमेशा अपना

निश्चय पूरा करने में कामयाब रही, चाहे मैं कितनी भी व्यस्त क्यों न रही। जल्दी कार्य पूरा करने के दो फायदे होते हैं, एक तो अपने कार्य से संतुष्टि और दूसरा, आखिरी समय आने तक उसे पूरा न कर पाने के भय से मुक्ति, और साथ ही बचे समय का अपने इच्छानुसार उपयोग करने की सुविधा। यदि आप ध्यान से देखें तो बुधवार से बुधवार भी वही सात दिन होते हैं, किंतु इसमें अंतिम तिथि तक काम टालने का तनाव नहीं होता। यह योजना आपकी कार्य-क्षमता को बढ़ाती है और उसे बेहतर बनाती है।

लक्ष्य को इकाइयों में बाँटना हमें अनुशासित होने में भी मदद करता है। लंबे चलनेवाले कार्यों में इसका ज्यादा महत्त्व होता है। लंबे चलनेवाले कार्यों में कुछ भी ऐसा जरूरी नहीं होता कि सब कुछ छोड़कर एकदम उसे ही किया जाए। उसे टाला भी जा सकता है और इसी कारण से उसे टाले जाने का खतरा बढ़ जाता है। किंतु लंबे चलनेवाले कार्यों का जीवन में सफलता पाने में ज्यादा महत्त्व होता है और एक सफल व्यक्ति इस बात को अच्छी तरह जानता है। वह अपने रोजमर्रा के तुरंत करनेवाले कामों में फँसकर ज्यादा महत्त्वपूर्ण कार्यों को नहीं भूलता, जबकि एक आम व्यक्ति उन्हीं में फँसा रहता है।

रोज-रोज के ये जरूरी काम मामूली भी हो सकते हैं, जैसे—फोन सुनना, खाना पकाना, सामान खरीदकर लाना या फिर कोई अन्य कार्य, किंतु परीक्षा के लिए पढ़ाई करना, संगीत का रियाज करना, पुस्तक लिखना इत्यादि सफलता के लिए महत्त्वपूर्ण तो होते हैं, फिर भी इन्हें तत्काल पूरा करने का कोई बंधन हमारे ऊपर नहीं होता।

अपने लक्ष्य को इकाइयों में बाँटकर हम इन महत्त्वपूर्ण कार्यों को

अपने ध्यान के केंद्र में रख पाते हैं। हम यह निर्धारित कर सकते हैं कि कितना काम हमें रोज करना है और उसे नियमपूर्वक कर सकते हैं। इस प्रकार हमारे रोजमर्रा के काम हमारे महत्त्वपूर्ण कार्यों को पीछे नहीं धकेल पाते।

हमारे लक्ष्य बहुत समय तक हमारा इंतजार भी नहीं कर सकते, उनकी भी एक समय-सीमा होती है। यदि आप किसी व्यवसाय को शुरू करना चाहते हैं, मगर शुरू करने में ज्यादा विलंब कर रहे हैं तो हो सकता है, कोई और उस काम को शुरू कर दे और आपको फिर मौका ही न मिले।

हमने अपने लक्ष्य की प्राप्ति की कितनी भी तैयारी क्यों न की हो, हमें मार्ग में उलझनों व रुकावटों का सामना करना पड़ सकता है। कई बार हमें अपने प्रयोजनों को बदलना भी पड़ सकता है। उदाहरण के तौर पर, यदि हम कार में जा रहे हो और हमारे रास्ते में कोई पेड़ गिरा हुआ मिले तो हम क्या करेंगे? हम पेड़ के हटाए जाने का इंतजार न कर दूसरे रास्ते से निकल जाएँगे। जरूरत पड़ने पर मार्ग को बदलना लक्ष्य छोड़ना नहीं होता है। वह तो सिर्फ लक्ष्य तक पहुँचने का एक विकल्प होता है। हमें नए विकल्प अपनाने से डरना नहीं चाहिए। लक्ष्य का ध्यान रखिए, किंतु उस तक पहुँचने के तरीके में यदि परिवर्तन लाने की आवश्यकता हो तो उसे बेझिझक अपनाइए।

सफलता प्राप्त करने के लिए लक्ष्य होना जरूरी है। अपने आस-पास के सभी सफल व्यक्तियों को देखिए कि वे किस तरह लक्ष्य साधते हैं, उसकी तैयारी करते हैं, उसे हिस्सों में बाँटते हैं व उस पर कार्य करते हुए अपनी मंजिल तक पहुँच जाते हैं। कोई कारण नहीं है कि आप भी वैसा नहीं कर सकते।

बस, इन बातों का ध्यान रखिए–

1. सफलता के लिए लक्ष्य-निर्धारण जरूरी है।
2. आपका लक्ष्य आपकी इच्छा व अंतःकरण आकांक्षाओं के अनुरूप होना चाहिए।
3. लक्ष्य हमेशा उत्कृष्ट होना चाहिए। आप अपनी दृष्टि की ऊँचाई तक ही पहुँचेंगे।
4. जीवन में जितनी जल्दी लक्ष्य तय कर लेंगे उतना ही अपने समय व परिश्रम का बेहतर उपयोग कर पाएँगे।
5. अपने लक्ष्य को पाने की भरपूर तैयारी कीजिए व मेहनत तथा लगन से उस पर कार्य कीजिए।
6. अपने लक्ष्य के पड़ाव तय कर लेने से मंजिल आसान हो जाती है।

नियम
पाँचवाँ

चुनौतियों को स्वीकार कीजिए

असफल होने से न डरें
जोखिम उठाइए

चुनौतियों पर विजय पाना सफलता है,
किए गए प्रयासों की संख्या कोई मायने नहीं रखती।

कीट्स ने कहा है—'असफलता, एक तरह से, सफलता का राजमार्ग है, जिस प्रकार गलत की हर खोज हमें ले जाती है उसकी तलाश में जो वाकई सच है, और हर नया अनुभव हमारी किसी-न-किसी भूल की तरफ उँगली उठाता है ताकि हम भविष्य में उससे दूर रह सकें।'

यदि आप जीवन में सफलता पाना चाहते हैं तो आपको असफलता का सामना करने की हिम्मत जुटानी होगी। कोई भी प्रयास आपको सफलता की गारंटी नहीं दे सकता और यदि आप असफल होने से डरते हैं तो आप कोई भी जोखिम नहीं ले पाएँगे। जो असफल होने से डरते हैं वे कभी असफल नहीं होते, क्योंकि वे कभी प्रयास ही नहीं करते। आप तभी असफल हो सकते हैं जब आप कुछ करेंगे, और यही सफलता का अवसर भी होगा। आप सराहने योग्य कामयाबी तभी हासिल कर सकते हैं जब आप जोखिम उठाने के लिए तैयार होंगे, असफलता से नहीं डरेंगे।

जब आप जोखिम उठाते हैं, आप चैन व सुरक्षा के क्षेत्र से बाहर निकलकर कुछ नया करने को तैयार होते हैं, जो आपको सफलता की गारंटी नहीं देता। यह एक मौका होता है, एक संभावना होती है और इससे ज्यादा कुछ नहीं। ऐसा करते समय आप अपने अंदर की आवाज को सुन रहे होते हैं, उससे प्रेरित हो रहे होते हैं और उस पर भरोसा कर रहे होते हैं। यह बेवकूफी नहीं, बल्कि इसका अभिप्राय यह है कि आप जान-बूझकर, नाप-तौलकर अपना मौका लें, अपना अवसर न गँवाएँ।

खतरा लेना या जोखिम उठाने का मतलब ही है कि इसमें नुकसान की संभावना रहती है, और इस तरह के उतार-चढ़ाव जीवन की सच्चाई हैं। यहाँ पर महत्त्वपूर्ण बात यह है कि हम इनका किस प्रकार सामना करते हैं और इनसे निपटने की क्षमता रखते हैं या नहीं। हम इनसे सीखकर आगे बढ़ सकते हैं या नहीं। ये हमें हताश व निराश तो नहीं करतीं। जब हम अपनी असफलताओं से सीखते हैं तो वे हमारी सफलता की सीढ़ियाँ बन जाती हैं।

थॉमस एडिसन ने कहा है–'मैं हतोत्साहित नहीं होता क्योंकि हर छोड़ा गया गलत प्रयास आगे की ओर एक और कदम होता है।'

कहा जाता है कि एडिसन को बल्ब का आविष्कार करने में 10,000 प्रयास करने पड़े थे।

चुनौतियों का सामना करना सफलता के लिए जरूरी है और यदि हमने अपने जीवन में चुनौतियों का सामना नहीं किया है तो संभव है, हमने जीवन में कुछ विशेष किया ही न हो। प्रयास करना व असफल होना प्रयास न करने से बेहतर है। यदि आप प्रयास नहीं करते हैं तो असफल तो होते ही हैं, क्योंकि आपने प्रयास ही नहीं किया। जब

कोशिश ही नहीं की तो सफलता कैसी ! एक सोया हुआ व्यक्ति कभी नहीं हारता, सिवाय अपने जीवन से।

वौटले ने कहा है–'असफलता से केवल वही अछूता रहता है जिसने प्रयास ही न किया हो।'

हम सभी जानते हैं कि प्रयास करना व असफल होना प्रयास न करने से बेहतर है। फिर भी, हम में से कितने लोग ऐसे हैं जो जोखिम उठाने का साहस रखते हैं ? जोखिम उठाने के बजाय अधिकतर लोग अपनी छोटी मानसिकता की बनी दीवारों में घिरकर उसी में दफन हो जाते हैं। इस तरह हम कभी ऊपर नहीं उठ पाते हैं। जोखिम न उठा पाने का अर्थ होता है एक बहुत ही मामूली जिंदगी में फँसना। हम अपने घेरे से निकले बिना जोखिम नहीं उठा सकते और न ही ऊँचाइयों को छू सकते हैं। जहाँ जोखिम नहीं है वहाँ लाभ भी नहीं है।

वॉल्ट डिजनी सफलता के शिखर पर पहुँचने से पहले पाँच बार कंगाल हुए थे।

जॉन ग्रिशम की रचनाओं को प्रारंभ में पैंतीस प्रकाशकों ने अस्वीकार किया था। आज दुनिया-भर में उनकी आठ करोड़ पुस्तकें बाजार में हैं।

जब हम किसी काम में असफल होते हैं तो हमारे सामने दो विकल्प होते हैं, या तो हम हार मान लें और अलग हट जाएँ, या फिर अपने इस अनुभव से कुछ सीखकर और दृढ़ता से आगे बढ़ जाएँ। सफल व्यक्ति कौन-सा मार्ग चुनेगा, यह आप भली-भाँति जानते ही हैं, वह ज्यादा अनुभवी और आत्मविश्वासी होकर आगे बढ़ जाएगा।

सदा याद रखिए, खतरा लेने का दूसरा पहलू विजय है। जोखिम न

उठाकर हम अपना मौका खो देते हैं, कोशिश करने से पहले ही हार मान लेते हैं और निराश हो जाते हैं।

यहाँ आप जानना चाहेंगे कि यदि ऐसा है, तो क्या कारण है कि हम जोखिम उठाने से डरते हैं ? इसका उत्तर सीधा है–क्योंकि हम असफलता से डरते हैं, उसका सामना करने की हिम्मत नहीं करते और उससे कुछ सीखकर आगे बढ़ पाने की अपनी योग्यता पर विश्वास नहीं करते। हम उस बच्चे की तरह हैं जो मेहनत न करके, अपने को व दूसरों को इस भुलावे में रखना चाहता है कि वह योग्य तो बहुत है, बस मेहनत नहीं करने के कारण असफल होता है। जोखिम न उठाकर हम अपने पर 'काबिल' होने का लेबल लगाए घूमते हैं, चाहे इसकी हमें भारी कीमत चुकानी पड़ रही हो। सच्चाई तो यह है कि जोखिम उठाने में जोखिम तो है ही नहीं, यह तो एक मौका है जो आप अपने आपको दे रहे हैं। या तो आप सफल होंगे या फिर आपको नए अनुभव होंगे, दोनों ही तरह से आप विजयी होंगे। इस मौके को मत गँवाइए।

जोखिम उठाने के लिए साहस की जरूरत होती है, स्वयं पर व अपनी कार्य-क्षमता पर भरोसा करना होता है। हमें भरोसा करना होता है कि यदि हम पहली बार में सफल नहीं भी हुए, तब भी यह हमारी कोशिश का अंत नहीं होगा, हम अपने अनुभव से कुछ सीखेंगे, फिर आगे बढ़ेंगें। हमें भरोसा करना होता है कि चाहे जो भी हो, हम अपने रास्ते से डिगेंगे नहीं, फिर वापस आ जाएँगे और अधिक होशियारी व तत्परता से दूसरा जोखिम उठाने योग्य हो जाएँगे। इस प्रकार हमारी संभावनाओं का अंत नहीं होगा, हमारे सामने और भी मौके आते रहेंगे। और सबसे महत्त्वपूर्ण बात–हमें स्वयं पर यह भरोसा करना होता है कि दुनिया हमारी असफलता के बारे में चाहे कुछ भी कहे, हमें उससे फर्क नहीं पड़ेगा, हमें अपने पर

विश्वास कम नहीं होगा और हम आगे बढ़ते रहेंगे। यदि ऐसा नहीं होता तो राइट बंधु हमें हवाई जहाज कैसे दे पाते !

जब हम ऐसे लोगों से मिलते हैं जो ज्यादा सफल नहीं हुए हैं, तो हम पाते हैं कि वे चुनौतियों से डरते रहे हैं। वे असफलता से अपने आप को सुरक्षित रखते हैं, वे जोखिम ही नहीं उठाते। वे यह जानते हैं कि धरातल से नीचे नहीं गिरा जा सकता, और यही उन्हें सुरक्षा प्रदान करता है। किसी भी बड़ी चुनौती का सामना न कर पाने के उनके पास अनेक बहाने व कारण होते हैं। वे अपने को हरसंभव दुर्भाग्य व परिस्थिति का शिकार पाते हैं और अपनी असफलता का कारण हमेशा दूसरों को मानते हैं, चाहे वे विपरीत परिस्थितियाँ, खराब स्वास्थ्य, बुरी किस्मत, गलत जीवन साथी, शिक्षा या मौकों का अभाव, बुरा बॉस, बाजार की मंदी या फिर और कुछ हो। हर बहाना उनके लिए काफी होता है, उन्हें जोखिम से बचाता है। बस एक बात पक्की है, वे हमेशा बाहरी ताकतों को ही अपनी असफलता के लिए दोषी ठहराते हैं, उसमें खुद की कोई कमजोरी नहीं समझते। दूसरों पर दोषारोपण करने से उनका कुछ भी फायदा नहीं होता, बस वे अपने आप ओढ़े गए दुर्भाग्य के उत्तरदायित्व को मानने से बचते रहते हैं।

दूसरी ओर, आप अपने आस-पास के सभी सफल व्यक्तियों को देखिए। देखिए कि वे किस तरह जोखिम उठाते हैं और सफलता की ओर बढ़ते हैं। उनके जीवन में भी वही रोजमर्रा की परेशानियाँ थीं और सफलता की कोई गारंटी भी नहीं थी। और यदि आप सच्चाई का सामना करेंगे तो पाएँगे कि उन लोगों ने एक आम आदमी से ज्यादा असफलताएँ झेली हैं, क्योंकि उन्होंने ज्यादा जोखिम उठाए हैं। और इसी कारण ज्यादा सफल भी हुए। अंततः सफल होने का ही महत्त्व होता है और यही संसार को

दिखाई भी देता है। क्या हम कभी सोचते भी हैं कि पहली सफल उड़ान भरने के पीछे कितनी नाकाम कोशिशें थी या एडिसन को बल्ब का आविष्कार करने में कितने असफल प्रयास करने पड़े !

अमेरिकी राष्ट्रपति अब्राहम लिंकन इसका सबसे बड़ा उदाहरण है। 21 व 24 की आयु में उन्हें व्यापार में असफलता मिली, जब वे 26 वर्ष के थे, उनकी प्रेमिका का निधन हो गया, 27 वर्ष की उम्र में उनका नर्वस ब्रेकडाउन हो गया, 34 वर्ष में कांग्रेस का चुनाव हारे, 45 वर्ष की आयु में उच्च सदन में पहुँचने में असफल रहे, 47 वर्ष की आयु में वे उप-राष्ट्रपति होने से रह गए, 49 वर्ष की आयु में फिर उच्च सदन में उनकी हार हुई, और अंततः इस सब के बाद 52 वर्ष की आयु में वे अमेरिका के राष्ट्रपति चुन लिए गए। और यही आखिरी बात उनकी इस ऊँची सफलता के बारे में हम जानते हैं। यदि अब्राहम लिंकन अपनी असफलताओं के आगे झुक जाते तो अमेरिका का इतिहास आज अलग होता।

एक सफल व्यक्ति और एक आम आदमी में यह फर्क होता है कि सफल आदमी हर असफलता को एक सीख की तरह लेता है। वह अपनी गलतियों से सीखता है और आगे बढ़ता है। यदि आप अपनी गलतियों से सीख नहीं लेंगे तो उन्हें दोहराने के लिए बाध्य होंगे। सभी गलतियाँ करते हैं, किंतु बेवकूफ ही उन्हें दोहराते हैं। गलतियाँ एक जिद्दी बच्चे की तरह होती हैं, जब तक आप उनकी बात नहीं सुन लेते वे आपका पीछा नहीं छोड़ती हैं।

जोखिम उठाना हमेशा उतना खतरनाक भी नहीं होता जितना दिखाई देता है। दुस्साहसी होने व नपा-तुला जोखिम उठाने में भी फर्क है, जिसका हमें ध्यान रखना चाहिए। सोच-समझकर दाँव लगाना अक्लमंदी होती है, किंतु इसके लिए हमें अपने पर भरोसा होना आवश्यक है। हमें

पता होना चाहिए कि अगर हम कामयाब नहीं भी हुए तो भी यह हमारा अंत नहीं होगा। हमारे सामने फिर मौके आएँगे और हम फिर कामयाब होंगे। यदि आपको यह भरोसा नहीं होगा तो आप सफलता की पूरी आशा के बावजूद कोशिश नहीं कर पाएँगे। असफलता से निपटने की हिम्मत रखिए और सफल होइए।

चुनौतियाँ जीवन का अंश हैं। यदि आप उनका सामना नहीं कर सकते तो जीवन का कुछ अंश खो देते हैं। ली आयकोका जब 55 वर्ष के थे, हेनरी फॉर्ड ने उन्हें कंपनी से निकाल दिया। लेकिन ली ने डूबती हुई एक क्राइस्लर कंपनी में काम किया और उसे सफलता के मुकाम पर लाते हुए खुद एक अमर कहानी बन गए। आयकोका विपत्ति के आगे झुके नहीं और इस तरह एक किंवदंती बन गए।

अब जो प्रश्न हमारे सामने आता है, वह यह है कि हमें कैसे मालूम हो कि यह चुनौती लेना हमारे लिए सही है, दुस्साहस नहीं है और कब चुनौती का सही वक्त है? आपको चुनौती तब लेनी चाहिए जब आपको लगे कि अब सही समय आ गया है, जब भावनाओं का वेग टूट पड़ने को तैयार हो, जब आपको महसूस हो कि आप चुनौती स्वीकार करने के लिए तैयार हैं, उसे पूरी तरह समझ लिया हो, उसे परख लिया हो, पूरी तैयारी कर ली हो, यदि असफल हुए तो क्या करेंगे सोच लिया हो और जब मन की आवाज भी यही कहती हो। चुनौती लेने का सही वक्त वही होता है जब हृदय से बात उठती हो।

जोखिम लेते समय कुछ बातों का ध्यान रखें, जो आपके लिए सहायक होंगी। सबसे पहले यह निश्चित कीजिए कि आप पूरे मन से यह चुनौती लेना चाहते हैं। अपने सपने को अपने मन में साकार कीजिए, देखिए कि वह आपको खुशी दे रहा है, उसके विषय में पूरी जानकारी हासिल

कीजिए, जानिए कि यदि वह आपके मन मुताबिक नहीं निकला तो इसका क्या परिणाम होगा, और सबसे जरूरी, अपने पर विश्वास रखिए। हिम्मत व लगन की हमेशा विजय होती है। सावधानी बरतना आपको डराने के लिए नहीं वरन् साहस-संवर्धन के लिए है।

असफलता वास्तव में नाकामयाबी नहीं है। यह गतिरोध या अड़चन के लिए ज्यादा नकारात्मक शब्द है। असफलता से हम सीधा मतलब निकालते हैं किसी कार्य का एक नाकामयाब अंत होना, लेकिन जीवन में ऐसा कोई अंत नहीं होता। जीवन एक निरंतर प्रक्रिया है और बाधाएँ उसका एक अंग हैं, जो बीत जाती हैं। कोई भी असफल प्रयास नाकामयाबी नहीं होता। वह एक अड़चन, भूल, गलती, त्रुटि—कुछ भी हो सकता है और सब में भविष्य के लिए उम्मीद है, सीख है। जब हम असफलता की इन शब्दों में व्याख्या करते हैं तो वह हमें उम्मीद प्रदान करती है, हमारा मार्गदर्शन करती है, हमें बताती है कि किस तरह हम अपनी अड़चनों के लिए जिम्मेदार हो सकते हैं और किस तरह हम अपनी गलती सुधार सकते हैं। गलती करना मानवीय है, उससे सीख लेना बुद्धिमानी है। गलतियाँ हमें बुद्धिमान्, शक्तिशाली व मजबूत बनाती हैं और हमें सफलता के मार्ग पर अग्रसर होने का रास्ता दिखाती हैं। सदा याद रखिए, असफलता एक सबक है, इससे ज्यादा कुछ नहीं। कोई भी सबक बेकार नहीं होता, और हम यहाँ सीखने के लिए ही हैं।

चुनौतियों का सामना करते समय कुछ बातों का ध्यान रखें–

1. जोखिम उठाना सफलता के लिए जरूरी है। आप जितने अधिक जोखिम उठाएँगे सफलता की संभावना उतनी बढ़ती जाएगी।

2. कोशिश करना और नाकामयाब होना कोशिश न करने से बेहतर है, क्योंकि यह आपको एक मौका देता है।

3. जब आप अपनी असफलता से सबक लेते हैं तो वह आपकी सफलता की सीढ़ी बन जाती है।

4. चुनौती लेने का सही वक्त वही है जब आपका मन उसके लिए तैयार हो।

5. असफलता भी एक चुनौती ही है। उसे एक भूल या त्रुटि की तरह लेना चाहिए, एक सीख की तरह, और आपको उससे डर नहीं लगेगा।

6. सबसे बड़ी बात यह है कि चुनौती स्वीकार करने से आप दोनों प्रकार से जीतते हैं। अगर सफल हुए तो कामयाबी मिली, अन्यथा अनुभव तो मिला ही।

नियम
छठा

अपनी सीमाओं पर विजय पाइए

यदि आप दौड़ नहीं सकते तो साइकिल का उपयोग करें।

अपनी कमजोरियों को शक्ति में बदलिए
घाटे को लाभ में परिवर्तित करें

बुद्धिमान् लहर की दिशा बदल देगा,
मूर्ख उसमें बह जाएगा।

डेल कारनेगी का कहना है—'यदि आपके पास नींबू है तो शरबत बनाइए।'

हेलन कीलर ने कहा है—'हम कुछ भी कर सकते हैं यदि उचित समय तक प्रयास करते रहें।'

नोबेल पुरस्कार विजेता, भौतिक शास्त्री व लेखक, रिचर्ड फिनमैन (1918–1987) के प्रारंभिक शैक्षिक जीवन का विवरण देखने से पता चलता है कि उनका आई क्यू, यानी बुद्धिमत्ता का स्तर, केवल 124 था, जो औसत से कुछ ही ऊपर है। उनकी पत्नी ने बताया कि वे नोबेल पुरस्कार मिलने से बहुत खुश थे। उनका कहना था—'नोबेल पुरस्कार प्राप्त करना कोई बड़ी बात नहीं थी, किंतु 124 के आई क्यू के साथ उसे हासिल करना अवश्य विशेष बात थी।'

सिर्फ मनुष्य को ही यह शक्ति प्राप्त है कि वह अपनी सीमाओं पर विजय पा सकता है। मानव अपने इसी गुण के कारण धरती का राजा है।

मनुष्य हवा में उड़ नहीं सकता, जबकि कुछ अन्य प्राणी बहुत खूबी से उड़ सकते हैं, किंतु आज वही सबसे तेज व ऊँचा उड़ता है, यहाँ तक कि वह अंतरिक्ष में भी पहुँच गया है। कोई भी और प्राणी इसमें उसका मुकाबला नहीं कर सकता। वह इस ग्रह का सबसे तेज दौड़ने वाला भी नहीं है, लेकिन रफ्तार पर उसी ने काबू पाया है। वह पानी में जीवित नहीं रह सकता, लेकिन वह सागर की गहराइयों में जाकर कई दिन तक रह सकता है। मनुष्य ने कभी अपने को सीमाओं में नहीं बाँधा और हर सफल व्यक्ति ने इससे यह सबक लिया है।

ख्यातिप्राप्त मनोवैज्ञानिक एल्फ्रेड एडलर मनुष्य के इसी गुण के महान् प्रशंसक थे कि वह अपनी कमी पूरी करना जानता है। उनका कहना था कि मनुष्य का यही सबसे सराहनीय गुण है कि वह 'हानि को लाभ' में बदल सकता है। यही गुण उसे विशेषता प्रदान करता है, सफलता के शिखर पर पहुँचाता है और सीमाएँ पार कराता है।

मनुष्य अन्य प्राणियों की तरह जंगल में नहीं रह सकता है, वह अन्य प्राणियों की तरह घनघोर वनों में रहकर एक वर्ष तक जीवित रहने की उम्मीद नहीं रख सकता है; उसका शरीर बाहर के तापमान की चरम सीमाओं को नहीं झेल सकता है, उसकी पाचन-शक्ति बहुत-से कच्चे भोज्य-पदार्थों को नहीं पचा सकती है, वह जंगली जानवरों से लड़ने की क्षमता नहीं रखता है वरन् सावधान न रहने पर उनके द्वारा खा लिए जाने का खतरा है, फिर भी हम देखते हैं कि उसने सभी प्राणियों पर विजय प्राप्त कर ली है। यह मनुष्य के इसी विशेष गुण के कारण संभव हुआ है कि वह अपनी कमजोरियों को अपनी शक्ति में बदलना जानता है।

जैसा कि डेल कारनेगी ने कहा है—'जीवन में सबसे महत्त्वपूर्ण बात अपनी खूबियों का लाभ उठाना नहीं है। ऐसा तो मूर्ख भी कर सकता है।

महत्त्वपूर्ण गुण तो अपने नुकसानों से लाभ उठाना है। इसके लिए बुद्धिमानी की जरूरत होती है—और यही बुद्धिमान् और मूर्ख के बीच का अंतर है।'

अपने गुणों का लाभ उठाना कोई विशेष बात नहीं है, कोई भी ऐसा कर सकता है। शेर जंगल का राजा इसीलिए है क्योंकि प्रकृति ने उसे इतना शक्तिशाली बनाया है कि वह कमजोर प्राणियों को मारकर खा सके। बड़ी मछली सिर्फ इसलिए छोटी मछली को खा सकती है क्योंकि वह बड़ी है। किंतु मनुष्य ने आकाश पर विजय इसलिए नहीं पाई है कि वह उड़ सकता है, बल्कि बावजूद इसके पाई कि वह उड़ नहीं सकता है। उसने अपने दिमाग का उपयोग किया और उड़ने के तरीके ढूँढ़े और सबसे तेज व ऊँचा उड़ा, और आज अपने उड़ने की क्षमता को दिनोदिन बढ़ा रहा है। यही मनुष्य की सबसे सराहनीय विशेषता है कि वह घाटे को मुनाफे में बदल लेता है।

सफलता उसी को मिलती है जो लहर को अपनी दिशा में मोड़ना जानता हो। अपनी सीमाओं पर विजय पा सकता हो, उनका हल निकाल सकता हो। यही सफलता का सबसे महत्त्वपूर्ण सूत्र है। किसी भी परिस्थिति में हमें सभी कुछ अपने हित में व्यवस्थित नहीं मिलता है। हमारे मार्ग में अनेक कठिनाइयाँ, सीमाएँ व बाधाएँ होती हैं, जो हमारी सफलता को रोकती हैं, और जो इन पर अच्छी तरह विजय पाना जानता है वही सबसे सफल होता है।

जब भी हम कोई नया काम शुरू करते हैं तो उससे जुड़ी कई कठिनाइयों का हमें सामना करना होता है और यहीं पर सफल व असफल व्यक्ति का अंतर आता है। जीत उसी की होती है जो कठिनाइयों का सामना करना जानता है व उन्हें सुलझाना चाहता है, चुनौतियों से डरता नहीं है, बल्कि उनका सामना करता है। और यदि कभी गिरता भी

है तो ज्यादा देर पड़ा नहीं रहता, फिर उठ खड़ा हो जाता है—और अधिक शक्ति के साथ। मार्ग की अड़चनें उसे रोक नहीं पातीं, उन्हें उसके मार्ग से हटना ही होता है।

आप विजेता को किसी भी परेशानी में डालिए, उसके मार्ग में कोई भी रुकावट लाइए, उसे किसी भी सीमा में बाँधिए, वह फिर भी विजयी होगा। सफलता का मंत्र सिर्फ अपने गुणों का लाभ बटोरना नहीं वरन् अपनी क्षति को लाभ में परिवर्तित करने की क्षमता रखना है।

जिस वर्ष आयकोका ने क्राइस्लर कंपनी में काम करना शुरू किया था उस वर्ष कंपनी को 1600 करोड़ का घाटा हुआ था। उसने कंपनी को इस घाटे से निकालकर मुनाफे तक पहुँचा दिया और यही कारण है कि वह श्रेष्ठ विजेताओं में गिना जाता है। कितने लोग ऐसे हैं जो इतने बड़े नुकसान को फायदे में बदल सकते हैं या इसकी कोशिश करने की भी हिम्मत कर सकते हैं ?

और फिर हम सभी जानते हैं कि कोई भी जन्म से विजेता बनकर पैदा नहीं होता, हम सब को विजयी बनने के लिए कठोर परिश्रम करना होता है। आप सबसे तेज धावक तब तक नहीं बन सकते, जब तक आपने कठिन अभ्यास करके अपनी क्षमता न बढ़ा ली हो, योजनाबद्ध प्रशिक्षण न लिया हो, अपने कोच के कहे मुताबिक पूरी मेहनत न की हो और उसमें अपना सर्वस्व न लगा दिया हो।

अपनी सीमाओं पर विजय पाने का गुण अक्सर उन लोगों में देखने को मिलता है जो किसी विकलांगिता के शिकार हो। वे एक क्षेत्र में अपनी सीमा को दूसरे क्षेत्र में उत्कृष्टता पाकर पूरी करते हैं और कभी-कभी तो वे उन्हीं कार्यों में दक्षता पा लेते हैं, जिसमें वे हमें असमर्थ दिखते हैं। कई

बार हम बिना हाथ वाले चित्रकारों के ऐसे चित्र देखते हैं जिन्हें स्वस्थ हाथों से बनाना भी कठिन होता है। ऐसे चित्रकार अपने मुँह में या फिर पैरों से ब्रश को पकड़कर चित्रकारी करते हैं। दक्षिण भारत की एक नर्तकी-अभिनेत्री इसी साहस का एक अपूर्व उदाहरण है। एक कार दुर्घटना में उसने एक पैर खो दिया और अब वह कृत्रिम पैर लगाकर नृत्य व अभिनय करती है। उसके जीवन पर बनाई गई उसकी फिल्म हम सबके लिए प्रेरणादायी है।

बहुत से दृष्टिहीन लोगों की सुनने व छू कर महसूस करने की क्षमता में वृद्धि आ जाती है। प्रायः वे बहुत अच्छे गायक होते हैं। वे अपनी एक कमजोरी पर दूसरी दिशा में योग्यता बढ़ाकर विजय पाते हैं। अक्सर मूक व्यक्ति बहुत सुंदर चित्रकारी करते हैं। बीथोवन ने भी बहरेपन से ग्रस्त होने के बाद संसार को अपना सबसे सुंदर संगीत दिया है। हेलन केलर की सफलता तो आपके सामने एक बेजोड़ उदाहरण है ही। उन्होंने दृष्टिहीन व मूक होने के बावजूद लिखना-पढ़ना सीखा व लेखन का कार्य किया।

विजयी होने के लिए हमें पता होना चाहिए कि लगन व साहस के सामने कुछ भी असंभव नहीं है। हमारी सीमाएँ हमें उतना ही सीमित कर सकती हैं जितना हम उन्हें करने दें। यह हमारी मर्जी है और हम स्वयं ही अपनी परिस्थितियों के लिए जिम्मेदार हैं और उनके परिणाम के उत्तरदायी हैं।

हमेशा याद रखिए–

1. सिर्फ मानव को ही यह गुण प्राप्त है कि वह अपनी कमजोरियों को अपनी शक्ति में बदल सकता है।

2. यदि आप अपने पर कोई पाबंदी नहीं लगाएँगे तो आपकी कोई सीमा नहीं होगी।

3. अपनी योग्यता का लाभ उठाना कोई बड़ी बात नहीं है। अपनी कमियों को शक्ति में बदलना सराहनीय होता है।

4. अंततः साहसी व दृढ़ व्यक्ति के लिए कुछ भी असंभव नहीं है।

नियम
सातवाँ

कार्य की पहल करें

दौड़ने से पहले आपको खड़े होना होगा।

शुरुआत कीजिए
आगे बढ़िए

यदि आप अपने पैरों को दौड़ने की
आज्ञा नहीं देंगे तो वे नहीं दौड़ेंगे।

पहल करने का अर्थ होता है किसी कार्य को शुरू करना, पहला कदम उठाना, प्रारंभ करना। बिना शुरुआत के कुछ भी नहीं होता। पहला कदम उठाए बिना कोई यात्रा आगे नहीं बढ़ती, पहली ईंट रखे बिना कोई इमारत नहीं बनती, पहला शब्द लिखे बिना आप कुछ लिख नहीं सकते और पहले विचार के बिना कोई योजना भी नहीं बना सकते। 'अंत' तक पहुँचने के लिए 'आरंभ' जरूरी है। जो कुछ भी गतिमान् है, प्रगतिशील है, कार्यान्वित हुआ है, जिस किसी योजना ने रूप लिया हो, जो पुस्तक लिखी गई हो, जो चित्र चित्रित किया गया हो, वह हर चीज जिसने रूप लिया हो, कभी आरंभ हुई थी और किसी ने उसको शुरू करने की पहल की थी।

विचारों का आना, लक्ष्य साधना, सकारात्मक सोचना, महान् सोचना, योजना बनाना—सब सुनने में अच्छे लगते हैं, किंतु बिना कार्यान्वयन में आए उनका कोई मतलब नहीं होता। आपका विचार कितना भी सुंदर क्यों न हो, यदि आपने उस पर कार्य नहीं किया है तो वह बेकार है। वह उस मरसिडीज कार की तरह होगा जिसकी चाबी आपके पास नहीं है,

आप सिर्फ उसे देखकर 'आह' भर सकते हैं। वे महान् विचार जिन पर कार्य न किया गया हो आपको सिर्फ दुःख ही दे सकते हैं, सुख नहीं।

स्टीवन आर. कवे ने 'द सेवन हैबिट्स ऑफ हाइली इफेक्टिव पीपल' में कहा है कि 'पहल करनेवाले और न करनेवाले व्यक्तियों में वाकई दिन और रात का अंतर होता है। मैं उनकी प्रभावकारिता में 25 या 50 प्रतिशत के अंतर की बात नहीं कर रहा। मैं 5000 से ज्यादा प्रतिशत अंतर की बात कर रहा हूँ, विशेषकर यदि वे समझदार, जानकार और दूसरों के प्रति संवेदनशील हों।'

सफलता के मार्ग पर रुकावट का प्रमुख कारण होता है शुरुआत करने से झिझकना। हमारे पास गहरे अध्ययन के साथ विस्तार में बनाई गई बहुत सुंदर योजनाएँ हो सकती हैं, किंतु जब तक हम उन पर कार्य नहीं करते, वे हमारे किसी काम की नहीं हो सकतीं। वे सिर्फ हमारे समय की बर्बादी और खोए हुए अवसरों व प्रिय लक्ष्यों की दुःखद यादें ही बन सकती हैं।

कन्फ्यूशियस ने कहा है कि कार्य को सही जानकर भी उसे न करना हिम्मत की कमी का सूचक है।

यदि मैं एक बड़ा व्यवसाय स्थापित करना चाहती हूँ और उसके लिए मैंने बहुत विस्तार से, बारीकी से अध्ययन किया हो, बाजार, जगह, संसाधन, विकास के चरण, भविष्य में बढ़त का अंदाजा, उसमें लगने वाला समय—सब की तैयारी की हो, किंतु यदि मैं उसे शुरू करने की पहल ही नहीं करूँगी तो मेरी इस मेहनत का कोई लाभ नहीं होगा और निराशा ही मेरे हाथ लगेगी। अकर्मण्यता सबसे ज्यादा निराशा देती है और सारे विचारों व योजनाओं को विफल कर देती है। जब कुछ किया ही

न हो तो उसकी कार्यप्रणाली बनाने से भी क्या मिल सकता है! एक बड़ा सपना देखने के बजाय एक छोटे सपने को साकार करना बेहतर है।

अपनी रोजमर्रा की जिंदगी में हमें अक्सर ऐसी परिस्थिति दिखाई देती है जहाँ एक बढ़िया विचार पहल के आभाव में कार्यान्वित नहीं हो पाया और बेकार हो गया। मेरी एक सहेली अपनी नौकरी छोड़कर निजी व्यवसाय शुरू करना चाहती थी। वह कपड़े के निर्यात करने की एक कंपनी में काम करती थी और उसे इस व्यवसाय की बारीकियों की अच्छी जानकारी थी। एक निर्यात कंपनी प्रारंभ करने के लिए उसके पास समझ भी थी और सभी जरूरी सामान भी। किंतु जब मैं पाँच वर्षों के अंतराल के बाद उससे फिर मिली, तब भी वह अपनी पहली वाली नौकरी ही कर रही थी और उसका अपना व्यवसाय शुरू करने का सपना अभी सपना ही था। अब उसके उत्साह में भी कमी आ गई थी। जब मैंने उससे इसका कारण पूछा तो वह बोली, "मृदुला, तुम तो जानती हो, मैं कितनी व्यस्त हूँ, नौकरी छोड़ने का मौका ही नहीं मिला। मुझ पर पारिवारिक जिम्मेदारियाँ हैं, मेरे पति भी व्यस्त रहते हैं और मेरे परिवार को मेरी कमाई की जरूरत भी है। अपना व्यवसाय शुरू करूँगी तो ज्यादा व्यस्त हो जाऊँगी व कुछ समय तक तो मुनाफा भी नहीं होगा, और अभी मैं इस हानि को उठाने की स्थिति में नहीं हूँ।" मेरी सहेली को सही समय का इंतजार है, जो कभी नहीं आएगा। वह नहीं समझ पा रही है कि जीवन की आम परेशानियों में उलझकर वह अपना सपना साकार नहीं कर पा रही है, कार्य करने की हिम्मत नहीं जुटा पा रही है और यह उसको बहुत महँगा पड़ रहा है। उसके सपने की ही बलि चढ़ रही है।

एक साहसी महिला ऐसी परिस्थिति में कुछ-न-कुछ उपाय जरूर ढूँढ़ लेती। वह अपने समय का बेहतर उपयोग करती, खर्च में कटौती करती,

उधार लेती, पति की सहायता लेती और अपने काम में लगन से जुट जाती और सफल होती। अपनी असमर्थता के जो भी कारण मेरी सहेली ने बताए, वे सब वही सामान्य कारण हैं जिनसे एक आम व्यक्ति घिरा रहता है, जिनकी वजह से बहुत-सी अच्छी योजनाएँ कार्यान्वित नहीं होतीं, नष्ट हो जाती हैं। लेकिन साथ ही कुछ ऐसे लोग होते हैं, जो हर परिस्थिति का सामना करते हुए अपनी योजनाओं को अंजाम दे लेते हैं और सफल होते हैं। अपनी क्षमता का पूरा लाभ न उठा पाने का मुख्य कारण है कि हम अपने सपनों को साकार करने की पहल नहीं कर पाते।

किसी कार्य को प्रारंभ न कर पाने की सबसे बड़ी बाधा होती है हमारा अपने पर विश्वास का न होना और अपनी सोच को यथार्थ में बदल पाने की अपनी क्षमता पर भरोसा न होना। यह मनोदशा खासकर ऊँची शिक्षा पाए, सुरक्षित नौकरियों में काम करनेवाले लोगों में ज्यादा देखने को मिलती है। वे अपना निजी उद्योग शुरू करने के ख्वाब तो देखते रहते हैं, किंतु उनका ख्वाब साकार होने के लिए हमेशा आनेवाले कल का इंतजार करता रहता है। वे जोखिम भरे काम में कूद पड़ने से डरते हैं। उनके पास एक सुरक्षित नौकरी होती है, एक छोटा-सा घर होता है, परिवार होता है, ऊँची शिक्षा होती है, वे संसार में कुछ बड़ा करने की इच्छा रखते हैं, किंतु अपने जीवन की सुविधाओं से घिरी स्थिरता को नहीं छोड़ना चाहते। वे अज्ञात भविष्य से डरते हैं और अपनी योजना को शुरू करने की पहल करने से डरते रहते हैं। यही कारण है कि उनके सपने हमेशा सपने ही रहते हैं—सिर्फ आनेवाले सालों में परेशान करने के लिए।

सिडनी स्मिथ ने कहा है—'थोड़े से साहस के अभाव में संसार की बहुत-सी प्रतिभा व्यर्थ चली जाती है।'

क्रिया ही साहस देती है, क्रिया ही विचार देती है, क्रिया ही हमें लक्ष्य की ओर ले जाती है और क्रिया ही हमारे सपनों को साकार करती है। क्रिया क्रिया को जन्म देती है, यही गति का नियम है। यह नियम अटल व सार्वभौमिक है।

हर सफलता एक सोच का कार्यान्वित रूप है और हर सफल व्यक्ति एक कर्मयोगी है। सफल व्यक्ति कार्य की पहल करता है, असफल उसे टालता है, सफल व्यक्ति कहता है–'अभी और अब', असफल कहता है–'किसी और समय, किसी और दिन'। यदि आज समय सही नहीं है तो बहुत हद तक कल भी समय सही नहीं होगा। जीवन एक निरंतर प्रक्रिया है। यदि आज आपके सामने एक प्रकार की समस्याएँ है तो कल दूसरी होगी। यदि आप काम शुरू करने से पहले अपनी सभी परेशानियों से मुक्त होने की प्रतीक्षा करते रहेंगे तो वह समय कभी नहीं आएगा। यदि आप परिस्थितियों के अनुकूल होने का इंतजार करते रहेंगे तो आपका इंतजार कभी खत्म नहीं होगा।

एक कर्मठ व्यक्ति सभी कठिनाइयों के बावजूद अपने काम को करने के तरीके ढूँढ़ ही लेता है। जैसी कि कहावत है–'जहाँ चाह वहाँ राह', यह इसी कर्मठ व्यक्ति का गुण है और वह 'जो आप करना चाहें कर सकते हैं', और 'जो आप आज करना चाहते हैं, अभी करें', में विश्वास रखता है।

अकर्मण्य व्यक्ति भी आपको बताएगा कि किस तरह वह भी इन बुद्धिमत्तापूर्ण विचारों में विश्वास रखता है, किंतु साथ में वह यह भी बता देगा कि वह इन पर अमल क्यों नहीं कर पा रहा है। वह अपनी परिस्थितियों के सामने अपने को हमेशा विवश पाता है, चाहे वे वास्तविक हो या काल्पनिक। और सबसे महत्त्वपूर्ण बात यह है कि उसके काम के लिए

आज का दिन कभी सही दिन नहीं होता और उसका कल भी कभी नहीं आता है।

जिस प्रकार जीवन एक निरंतर प्रक्रिया है उसी प्रकार सुअवसर व परेशानियाँ भी निरंतर है। हम सही समय का इंतजार नहीं कर सकते, हमें उसे अपने लिए स्वयं निर्धारित करना होता है। हमें सुअवसरों को ढूँढ़कर उन पर काम करना होता है। परेशानियाँ जब आएँगी, उन्हें सुलझाया जा सकता है, किंतु मौका हाथ से चूकने पर शायद ही उसे दोबारा प्राप्त कर सकें।

आप तब तक चलना शुरू नहीं कर सकते जब तक आप खड़े न हो जाएँ और पहला कदम न उठा लें। इसी प्रकार लिखने के लिए भी आपको कलम उठाकर पहला शब्द लिखना होगा; आपका पंखा भी तब तक काम करना शुरू नहीं कर सकता जब तक आप स्विच न दबाएँ; आपको खाना पकाने से पहले चूल्हा जलाना होगा और बिना हाथ उठाए तो आप काम भी शुरू नहीं कर सकते हैं। कुछ भी करने से पहले आपको उसके लिए पहल करनी होगी। लेखकों के लिए कहा जाता है कि समय-समय पर वे मानसिक अवरोध के शिकार होते रहते हैं और उस समय वे लिखने में असमर्थ रहते हैं। फिर भी हर लेखक जब हाथ में कलम उठा लेता है तो अपनी समय-सीमा तक अपना कार्य पूरा कर ही लेता है।

टालने और हिचकिचाने में गहरा संबंध होता है। जब आप काम करने से हिचकिचाते हैं तो उसे टालते हैं और जितना आप उसे टालते जाते हैं आपकी हिचकिचाहट उतनी ही बढ़ती जाती है। यदि आप किसी समस्या का सामना करने से डर रहे हैं तो उसे टालिए मत, बस काम शुरू

कर दीजिए। और जब आप उसे शुरू कर देंगे तो पाएँगे कि वह उतनी मुश्किल नहीं है जितनी आपको प्रतीत हो रही थी। और जब आप उसे सुलझा लेंगे तो अपने में हौसला व सुकून अनुभव करेंगे।

यदि आप कोई व्यवसाय शुरू करना चाहते हैं और उसके लिए आपको बैंक से ऋण चाहिए, किंतु आप बैंक प्रबंधक से जाकर मिलने में हिचकिचा रहे हैं, तो आप इस कार्य को जितना टालते रहेंगे आपकी हिचकिचाहट उतनी ही बढ़ती जाएगी। आपको चाहिए कि आप सीधे बैंक में जाएँ और मैनेजर से मिलें। संभावना है, आप सफल होंगे। आप पहली बार में अगर सफल नहीं भी हों तो भी आपका अनुभव तो बढ़ेगा ही, और आप कोशिश कर पाने के कारण ज्यादा आत्मविश्वासी बन जाएँगे। कोशिश करना कामयाबी की मंजिल है।

सफलता पाने का निश्चित तरीका है काम शुरू करना। यदि आपको अपने पर भरोसा नहीं हो रहा हो तो अपनी योजना का दोबारा अध्ययन कीजिए, देखिए, उसमें ऐसी कौन-सी बात है, जो आपको परेशान कर रही है, उसे ठीक कीजिए और आगे बढ़िए। हो सकता है, शुरू में आपको अपने पर पूरा भरोसा महसूस न हो, किंतु जब आप पूरी लगन से उसमें कार्य करते रहेंगे तो अपने हौसले को बढ़ा पाएँगे। आपको अपना लक्ष्य पूर्ण होता दिखाई देने लगेगा।

हम, आम तौर पर, लोगों को दो वर्गों में बाँट सकते हैं—एक, मार्गदर्शन करने वाले व दूसरे, अनुसरण करने वाले। मार्गदर्शन करने वालों को तो आप उनके स्वभाव से ही जान सकते हैं। ये काम की पहल करते हैं और आगे रहते हैं। इनकी संख्या बहुत कम होती है। बाकी उनके पीछे चलते

हैं। वे लीडर या मार्गदर्शक होते हैं, पहला कदम उठाने से नहीं डरते। उन्हें अपने पर व अपनी कार्यक्षमता पर भरोसा होता है और यही उन्हें आगे ले जाता है। अनुसरण करने वाले लोगों के मन में संशय रहता है, उन्हें अपने पर भरोसा नहीं होता, कुछ नया करने से डरते हैं, दूसरों के द्वारा दिखाए मार्ग पर चलने में ही सुरक्षा महसूस करते हैं और पीछे रहते हैं। सबसे आगे या पहले चलने के लिए जो आत्मविश्वास चाहिए, वह उनमें होता ही नहीं और वे कभी आगे भी नहीं होते। हम में से अधिकतर लोग इसी वर्ग में आते हैं।

जैक मारतें का कहना है–'डरपोक पीछे की ओर भागता है, नई परिस्थितियों से दूर, उत्साही आगे को दौड़ता है, नई परिस्थितियों के मध्य।'

अपने आस-पास के सभी सफल व्यक्तियों को देखिए। देखिए, वे किस तरह काम की पहल करते हैं व आगे बढ़ते हैं। वे किसी की मदद की प्रतीक्षा नहीं करते वरन् वे ही हैं जो आगे बढ़कर सबकी मदद करते हैं। कहा जाता है कि यदि आप कोई काम करना चाहते हैं तो उसे सबसे व्यस्त व्यक्ति को दीजिए। व्यस्त व्यक्ति कर्मयोगी होता है वह अपना और आपका–दोनों के कामों का निष्पादन कर देगा, न कि वह व्यक्ति जो स्वयं अपने काम के लिए दूसरों की राह देख रहा हो।

सफल व्यक्ति व्यस्त होते हैं, असफल व्यक्ति व्यस्त महसूस करते हैं। सफल व्यक्ति के पास हर काम के लिए समय होता है, असफल व्यक्ति के पास किसी काम के लिए समय नहीं होता। यदि भविष्य में आप महसूस करें कि आपके पास किसी काम के लिए समय नहीं है तो

समझें कि कहीं यह काम न करने का बहाना तो नहीं है !

बहाना पहल का सबसे बड़ा दुश्मन है। अपनी योजना पर काम शुरू करने के बजाय, एक असफल व्यक्ति उसे न कर पाने के बहाने ढूँढ़ता रहता है, हालाँकि उसके विचार हमेशा नेक होते हैं। वह आपको बता देगा कि किस तरह उसकी जिम्मेदारियाँ उसके रास्ते में आ रही हैं, किस तरह उसका व्यवसाय उसे समय नहीं देता, किस तरह उसका स्वास्थ्य परेशानी का कारण है, किस तरह उसका जीवनसाथी सहयोग नहीं दे रहा, किस तरह उसका 'बॉस' उसे तंग कर रहा है इत्यादि। वह महसूस करता है कि ये सभी कारण उसके वश के बाहर हैं और वह मजबूर है। इस बाध्य मानसिकता से बाहर निकलने का एक ही तरीका है कि आप अपनी परिस्थितियों का सीधा सामना करें और उनपर कार्य करें।

अपने सपनों को साकार करने का सबसे अच्छा तरीका है कि आप जागें और चल पड़ें। सदा याद रखें, आप, और केवल आप ही यह पहल कर सकते हैं।

अपने मार्ग पर चलने से पहले कुछ बातों को दोहरा लें—

1. पहला कदम उठाने से न डरे, शुरुआत करें। हर 'अंत' का एक 'आरंभ' होता है।

2. यदि आप मार्गदर्शक होना चाहते हैं तो पहला कदम आप ही को उठाना होगा।

3. किसी भी योजना का कोई अर्थ नहीं होता जब तक उस पर काम न किया गया हो। हवाई महल बनाने के बजाय एक कुटिया बनाना बेहतर है।

4. पहल का सबसे बड़ा शत्रु उत्साह की कमी है और तैयार होकर पहल करना उसे पाने का सबसे अच्छा तरीका।

5. जो काम आप कल करना चाहते हैं उसे आज कीजिए और देखिए, वह आपके लिए क्या चमत्कार लाता है।

नियम
आठवाँ

स्वयं को स्वीकार करें

जब आप अपने को स्वीकार करते हैं तो दुनिया आपको स्वीकार करती है।

आत्मसम्मान बढ़ाइए

अहंकारी न बनें

अहंकार मोटापे की तरह है
जो दूर से ही दिख जाता है।

मिल्टन ने कहा है–'आत्मसम्मान से ज्यादा लाभकारी कुछ नहीं होता–जब वह आधारित हो सच और सही पर।'

हम सभी बेजोड़ पैदा हुए हैं, कोई भी दो व्यक्ति एक जैसे नहीं होते। अपनी इसी अनुपमता को पहचानना और उसका आदर करना हमें आत्मसम्मान देता है।

आत्मसम्मान का अर्थ है, हम खुद को किस नजर से देखते हैं, हम अपने भीतर कितने सहज हैं। ये हमारी स्व-धारणा है, हमारा अपना नजरिया है अपने मन में। वह श्रेणी है जिसमें हम ख़ुद को रखते हैं, वह विश्वास है जो हमारी काबिलियत में है, वह राय है जो हम अपने और अपने व्यक्तित्व के बारे में रखते हैं। इन सब बातों का सीधा असर हमारे हर काम पर पड़ता है और हमारे जीवन के हर क्षेत्र को प्रभावित करता है।

जीवन में कुछ हासिल करने व सफल होने के लिए अपने बारे में अच्छी राय रखना न सिर्फ वांछनीय है, बल्कि जरूरी भी है। जब तक आप स्वयं के बारे में अच्छा महसूस नहीं करते, अपना आदर नहीं करते, तब

तक आप आनंद व सफल होने का बोध भी महसूस नहीं कर सकते। और जब तक आप स्वयं पर विश्वास नहीं करेंगे तब तक जीवन में कुछ विशेष कर भी नहीं पाएँगे। जब तक आपके भीतर आत्मसम्मान नहीं होगा आप अपने काम का व अपना आदर नहीं कर पाएँगे और यही आपके मार्ग की सबसे बड़ी अड़चन होगी।

आत्मसम्मान का अर्थ अहं होना, अपने को बहुत समझना, दूसरों को हेय दृष्टि से देखना और अकड़ दिखाना बिल्कुल नहीं है। इसका मतलब सिर्फ इतना है कि हम अपने आप से संतुष्ट और प्रसन्न हैं। जब हम अपने आप से संतुष्ट होते हैं तो ज्यादा विश्वास से काम कर पाते हैं। इसके ठीक विपरीत, अहंकारी होना भीतर से असुरक्षित, अप्रसन्न होने की अभिव्यक्ति है। अपने गुणों पर भरोसा न होने के कारण व्यक्ति बाहर से अपने को बड़ा दिखाने व महसूस करने की चेष्टा करता है और यह मानसिकता अहंकार को जन्म देती है।

एल्फ्रेड एडलर ने कहा है–'हम पाते हैं कि हर वह व्यक्ति, जो दूसरों से अपने को ऊँचा दिखाने की चेष्टा करता है, उसके भीतर हीनता की भावना होती है, जिसे वह ढकने का प्रयास करता रहता है।'

वास्तव में अहंकार आत्मसम्मान की कमी की प्रतिक्रियात्मक उपज है। जब कोई व्यक्ति स्वयं को नाकाबिल पाता है तो वह अपनी इस भावना को छुपाने के प्रयास में श्रेष्ठ दिखने की कोशिश करता है। उदाहरण के तौर पर, यदि किसी व्यक्ति को अपने कद के छोटा होने का एहसास हो तो वह ऊँचा तनकर चलने का प्रयास करता है, जब एक साधारण दिखनेवाली महिला सुंदर दिखनेवाली महिलाओं की तुलना में अपने को कम महसूस करती है तो वह अपने सजने-सँवरने पर ज्यादा ध्यान देती है। इसी प्रकार व्यक्ति को जब विश्वास नहीं होता कि कोई

उसे सुनेगा तो वह ऊँचा बोलने लगता है।

रूस में एक कहावत है–'मनुष्य अपनी श्रेष्ठता अंदर लिए रहते हैं, पशु बाहर।'

आत्मसम्मान है अपने सत्य को जानना व उसका आदर करना, अपने विशिष्ट और अनन्य वैयक्तिता से संतुष्ट रहना। मैं एक ऐसे नवयुवक को जानती हूँ जो अपने बहुत छोटे कद के कारण सुंदर कहलाने योग्य नहीं है, किंतु वह अपनी इस विशिष्टता से बिल्कुल परेशान नहीं है। वह इसे अपनी खास पहचान मानता है, अपने इस सत्य को स्वीकारने से उसे व्यर्थ ही औरों के बीच तनकर खड़े होने की आवश्यकता नहीं पड़ती। यदि आप इस प्रकार की परिस्थिति में हों और कह सकते हों कि 'हाँ, मेरा कद छोटा है और यदि मेरे वश की बात होती तो मैं लंबा होना पसंद करता, किंतु ऐसा नहीं है और इसलिए मैं अपने से खुश हूँ' तो सोचिए कि आपको कितना सुकून मिलेगा ! साथ ही यदि आप यह मानने से इनकार करेंगे कि समाज में लंबा कद अच्छा माना जाता है तो यह नकारना व्यर्थ होगा और आप कुछ हासिल नहीं कर पाएँगे। अपने सत्य को स्वीकारना किसी सच्चाई को अस्वीकारना नहीं है, वरन् आप जो हैं उसका मान करना है।

जब हम इस संसार में आते हैं तो अपने साथ में अपने विशेष गुणों को लेकर आते हैं, जो हमेशा वे नहीं होते जिन्हें समाज में मान्यता प्राप्त होती है। यहाँ मैं उन आपराधिक प्रवृत्तियों की बात नहीं कर रही हूँ जिन्हें व्यक्ति विशेष जन्मजात अपने साथ लेकर आने का दावा करता है, हालाँकि सभी जानते हैं कि आपराधिक प्रवृत्ति जन्मजात नहीं होती, मैं जिन विशेषताओं की बात कर रही हूँ, वे हैं–व्यक्ति का **बौद्धिक स्तर**, **शक्ल**, **शारीरिक बनावट**, **गुण**, **देश**, **जाति**, **वंश**, **सामाजिक स्तर** इत्यादि।

हो सकता है, उसके ये सभी गुण समाज में श्रेष्ठ माने जानेवाले गुणों में न हों, किंतु ये उसकी अपनी विशेषता है, जो उसे इस धरती पर सबसे अलग बनाती है, उसका अपना सत्य है और इसी सत्य को पहचानना व उसका आदर करना उसकी प्रगति के लिए जरूरी है।

गिल्स ने सही कहा है—'जहाँ स्वयं पर भरोसा न हो वहाँ आत्मसम्मान नहीं हो सकता और जहाँ आत्मसम्मान न हो वहाँ भरोसा भी नहीं हो सकता।'

अपने वैयक्तिक रूप में हमारी अपनी विशेष जरूरतें, चाहतें, गुण व प्राथमिकताएँ होती हैं, जिनका हमें मान करना चाहिए। तभी हम सही मायने में अपना आदर करते हैं। अपना सम्मान करने का सबसे अच्छा तरीका है कि आप अपने को, जो आप हैं, जैसे हैं और जहाँ हैं, स्वीकार करें। यदि आप स्वयं अपना आदर नहीं करेंगे तो और कौन करेगा ? कोई और आपको ज्यादा मान नहीं दे सकता। दूसरों द्वारा स्वीकार किए जाने की कोशिश एक नाकाम कोशिश होती है, जो आपका समय व साधन बर्बाद करती है और आपकी संभावनाओं को सीमित करती है। एक असुंदर वृक्ष बनने से एक सुंदर पुष्पित झाड़ी बनना बेहतर है।

अक्सर पाया जाता है कि जो लोग समाज के कमजोर वर्ग से आते हैं, अपने कथित दुर्भाग्य को ढाँपने के लिए संपन्न वर्ग के व्यक्ति की तरह दिखने व व्यवहार करने की चेष्टा करते हैं। किंतु इसमें उन्हें कठिनाइयों का सामना करना पड़ता है और वे पूरी तरह सफल भी नहीं हो पाते हैं। अपने यथार्थ से अलग बनने की यह कोशिश उनके व्यवहार को एक बनावटी रूप दे देती है, जो उन्हें उनके मकसद से और दूर कर देती है। यदि वे अपनी भिन्नता का मान करेंगे तो अपने पर ज्यादा भरोसा कर पाएँगे और फिर और लोग भी आसानी से उन्हें स्वीकार करेंगे व मान देंगे।

इस तरह कुछ और होने की चेष्टा करने का निरर्थक प्रयास करने के बजाय वे अपने निर्धारित लक्ष्यों पर ज्यादा मेहनत से काम कर पाएँगे।

एडिसन ने कहा है—'सम्मान व प्रशंसा पाने के लिए जिन गुणों का होना जरूरी है, उनमें अच्छा स्वभाव, सच्चाई, सही समझ व अच्छी परवरिश प्रमुख हैं।'

साधारण दिखनेवाली एक महिला भी विशेष ढंग में ढली, दिखने में आत्मविश्वास से भरी, जो अपना सच जानती व मानती है, उस सुंदर महिला से ज्यादा आकर्षक होगी जो स्वयं में ही सहज न हो। हमेशा याद रखिए, कोई भी आपको आपकी मर्जी के बिना छोटा महसूस नहीं करवा सकता।

रॉशेफूको का कहना है—'आत्मसम्मान में प्रेम व मित्रता से ज्यादा समय तक चलने वाला आकर्षण है; यह मन को ज्यादा प्रभावित करता है व आपसे कोई अपेक्षा नहीं करता।'

इसका मतलब यह बिल्कुल नहीं है कि आप अहंकारी हों या दूसरों के गुणों को नकारें या अपनी कमियों को समझने से इंकार करें, जिन्हें समझना आपकी प्रगति के लिए जरूरी है। इसका अर्थ सिर्फ इतना है कि आप अपने आपको स्वीकार करें ताकि दूसरों के गुणों को पहचानने में आपको अपनी अक्षमता का बोध न हो और आप उनसे सीखकर आगे बढ़ सकें। एक आत्मसम्मानी व्यक्ति अपने दोषों को पहचानने से डरता नहीं है, उसका स्वयं पर भरोसा उसे सुरक्षा प्रदान करता है। वह दूसरों के गुणों का आदर करता है, जहाँ जरूरत हो उनसे सीखता है और अपने को बेहतर बना लेता है। अपने अवगुणों को त्यागना व दूसरों के गुणों को अपनाना उसके लिए आसान होता है, वह खुले मन से विचारों का आदान-प्रदान कर सकता है व जल्दी सीखता है।

एक ऐसी स्थिति की कल्पना कीजिए जहाँ आप श्रोताओं को संबोधित कर रहे हों और मूलतः विषय की पूरी जानकारी के बिना, किसी अन्य के द्वारा तैयार किया गया व्याख्यान पढ़ रहे हों। अब दर्शकगण आपके साथ विचार-विमर्श करना चाहते हैं, आपकी क्या प्रतिक्रिया होगी ? आप श्रोताओं के सभी प्रश्नों से आशंकित होंगे व उन्हें चुप कर देना चाहेंगे। आप कुंठा में उन पर तीखा प्रहार भी कर सकते हैं। आप ऐसा इसलिए करते हैं क्योंकि आप नहीं चाहते कि आपके श्रोतागण यह जान पाएँ कि आप इस वक्तव्य के लिए तैयार नहीं थे, विषय की पूरी जानकारी आपको नहीं है। वहीं दूसरी ओर, यदि आपने अपना मूल पाठ स्वयं तैयार किया होता, विषय की पूरी जानकारी आपको होती तो आप श्रोताओं के साथ सहजता से विचार-विमर्श करते व उनसे बातचीत का आनंद लेते। भरोसा हमारे दिमाग को खोलने के लिए जरूरी है। और जब तक हमारा अंतःकरण हमारे बाहरी व्यवहार से मेल नहीं खाता हम दुनिया से खुलकर विचारों का आदान-प्रदान नहीं कर पाते और न ही सहजता से सीख पाते हैं या अपने में सुधार कर पाते हैं।

जब आप स्वयं अपने आपको स्वीकार नहीं कर पाते हैं तो दूसरों के द्वारा स्वीकारे जाने की चेष्टा करते हैं। अपनी इस कोशिश के कारण आप अपनी प्रगति के मार्ग से डिगने लगते हैं। आपके लिए क्या सही है यह आप भूल जाते हैं और दूसरों को कैसे प्रभावित कर पाएँगे इसका ज्यादा ख्याल रखने लगते हैं। और जितना ही आप अपनी प्रगति के मार्ग से हटते जाते हैं, उतना ही आप अपने आपको कम पसंद करने लगते हैं। दूसरों से सम्मान पाने की कोशिश आपकी क्षमता व अवसर दोनों को कम करती है क्योंकि तब आप अपना बहुमूल्य समय उनको खुश करने में बीता रहे

होते हैं। दूसरों से स्वीकारे जाने से पहले आपको स्वयं को स्वीकारना होगा।

एडिसन ने कहा है–'एक बुद्धिमान् व्यक्ति प्रयत्नशील रहता है भीतरी चमक में जगमगाने के लिए व मूर्ख दूसरों से ज्यादा चमकने के लिए।' समझदार व्यक्ति स्वयं के अनुमोदन से आनंदित होता है और मूर्ख आस-पास बैठे लोगों की तालियों से शाबाशी का हकदार बनकर।

खोजबीन से पता चला है कि यदि हम बच्चों की जरूरत से ज्यादा प्रशंसा करते हैं, और वह भी झूठी प्रशंसा, तो वे प्रशंसा-आश्रित हो जाते हैं। बिना बाहरी सराहना मिले उनमें आत्मसम्मान जाग्रत नहीं होता, जो उनकी उन्नति के लिए जरूरी है। वे बिना सराहना पाए कुछ नहीं कर पाते हैं। प्रशंसा एक बाहरी प्रभाव है जो आपके वश में नहीं है। आप स्वयं को कितना भी सराहना का पात्र मानें, यह जरूरी नहीं है कि आपको सराहना मिलेगी ही। जो सबसे ज्यादा प्रशंसा की तल।श में रहते हैं, उन्हीं की प्रशंसा की उम्मीद सबसे कम होती है।

आत्मविश्वास एक आंतरिक जरूरत है और ये आपके बस में भी है, आप इसे खुद अपने अंदर ला सकते हैं। किंतु याद रखिए, इसे एक मजबूत धरातल की आवश्यकता होती है, आप स्वयं को बेवकूफ नहीं बना सकते। प्रशंसा एक बाहरी जोर है और बाहरी जोर भीतरी जरूरतों को पूरा नहीं करती। सराहना पर निर्भर बच्चा दूसरों के वश में हो जाता है, वह बिना तारीफ पाए कुछ नहीं कर पाता। अपने आत्मसम्मान को बढ़ाने के लिए वह दूसरों से प्रेरणा पाना चाहता है और दूसरों पर आश्रित हो जाता है, जो उसकी प्रगति के मार्ग में एक बड़ी बाधा है।

रॉशेफूको ने कहा है–'यदि हमारे भीतर शांति नहीं है तो उसे बाहर

ढूँढ़ना व्यर्थ है। यही नियम आत्मसम्मान पर भी लागू होता है।'

तारीफ पर निर्भर बच्चे उद्धत भी हो जाते हैं। वे अपने काम की सराहना चाहते हैं और यदि वह उन्हें नहीं मिलती है तो वे अपनी सच्ची-झूठी डींग मारने लगते हैं, जो उनके विकास में बाधक होती है। झूठी अकड़ कभी भी आत्मसम्मान का स्थान नहीं ले सकती, इस बारीक लेकिन महत्त्वपूर्ण फर्क का हमें आभास होना जरूरी है। फर्क का सदा ध्यान रखिए।

शैरी स्कॉट ने कहा है–'जब आप अपने पर भरोसा करते हैं तो अपनी सच्चाई पहचानते हैं, जब इस सच्चाई का आदर करते हैं तो अपना असली मार्ग पाते हैं। मार्ग का अनुगमन आपको सफलता का दर्शन कराता है, जो आपके हृदय को प्रफुल्लित करता है और आपका अंतःकरण झूम उठता है।'

आत्मसम्मान एक गुण है, अहंकार एक बोझ है, एक सकारात्मक है, दूसरा नकारात्मक, आत्मगौरव सच्चाई को स्वीकारना है, अहंकार सच्चाई को नकारना है, और दोनों कभी एक नहीं हो सकते।

आगे बढ़ने से पहले इन बातों पर गौर कीजिए–

1. हमेशा अपना सम्मान करें, किंतु अहंकार कभी न करें। अपने बारे में सदा स्वस्थ विचार रखिए।
2. अपना सम्मान करना अपने सच को स्वीकार करना है। सदा जानिए कि आप इस संसार में अद्वितीय हैं। आपको कुछ और बनने की जरूरत ही नहीं।
3. जो आप नहीं हैं वह बनने व दिखने की चेष्टा न करें, यह आपको दुःख ही देगा।

4. दूसरों से सराहना पाने की अपेक्षा में अपना स्वाभाविक मार्ग और अपने मन के चुनाव न छोड़ें।

5. बाहरी ताकतें भीतरी जरूरतें पूरी नहीं कर सकतीं। जब आप स्वयं अपना सम्मान नहीं करते हैं, तो उसकी पूर्ति के लिए दूसरों से सम्मान पाने की चेष्टा करते हैं। किंतु याद रखिए, स्वयं से अधिक कोई आपको आदर नहीं दे सकता।

नियम
नवाँ

अनुशासित बनें

जब आप अपनी जिम्मेदारियों का आदर करेंगे तो वे भी आपका आदर करेंगी।

अपने वादों को निभाएँ

आत्मसंयम बरतिए

जो अपना मालिक होता है
उसका कोई मालिक नहीं होता।

सिनेका का कहना है—'सबसे शक्तिशाली वह है जिसने स्वयं
पर विजय पा ली हो।'

यदि आपके वचन का कोई महत्त्व नहीं है तो आप भी कोई विशेष महत्त्व नहीं रख सकते हैं। जब आप कोई वादा करते हैं तो उसे निभाना आपका कर्तव्य होता है। किसी भी वादे का कोई मतलब नहीं होता यदि वह निभाया न गया हो। वचनबद्धता एक वादा है, दायित्व है, प्रतिज्ञा है जिसे पूरा करना जरूरी होता है और यह हमारी स्वतंत्रता को सीमा में बाँधता है, और अनुशासन इन्हीं सीमाओं में रहने का नाम है। संयम में रहना खुद को निखारना भी है।

जब आप अपने वादों को निभाते हैं, चाहे वे स्वयं से किए हों या दूसरों से, तो आप अनुशासित हो जाते हैं। दूसरों से किए वादों को निभाना ज्यादा आसान होता है क्योंकि दूसरे आपको वादा निभाने के लिए मजबूर कर सकते हैं व जरूरत होने पर कानूनी कार्यवाही भी कर

सकते हैं, और यह आपको वादा निभाने के लिए बाध्य करती है। किंतु स्वयं से किए वादों में ऐसा कोई बंधन नहीं होता, उन्हें ज्यादा अनुशासन की आवश्यकता होती है। कोई भी महत्त्वपूर्ण सफलता अनुशासनहीनता से नहीं मिल सकती। यदि आप स्वयं को काबू में नहीं कर सकते तो आप किसी और को भी काबू में नहीं कर सकते हैं।

हैजलिट् ने कहा है–'जो स्वयं पर नियंत्रण रखते हैं वे ही दूसरों पर नियंत्रण रखते हैं।'

आत्मनियंत्रण स्वयं के बनाए नियमों का पालन करना है, अपने दिमाग के आदेशों का पालन करना है। यह हमारी वह शक्ति है जिससे हम वह कर पाते हैं जिसकी हमें जरूरत हो। यह वह शक्ति है जिससे अनुशासित होकर हम अपना निश्चय तब भी पूरा कर पाते हैं जब हमारा मन उसे न करना चाहता हो।

अनुशासन का अर्थ है सुबह चार बजे उठकर अपना काम समय पर पूरा करना, शाम को उस समय भी रियाज कर पाना जब आपके अन्य मित्र मैदान में क्रिकेट खेल रहे हों, अपने डॉक्टर की सलाह पर वह सब न खाना जो उसने मना किया हो, हाथ तंग होने पर अपने को फिजूल खर्चों से रोक पाना इत्यादि।

आत्मसंयमित व्यक्ति हर समय स्वयं पर व अपने परिवेश पर नियंत्रण महसूस करता है और रखता है। अनुशासन सही प्रगति के लिए आवश्यक है। यदि हमें अपने मन पर काबू नहीं होगा तो हम अपने लक्ष्य की ओर पूरी क्षमता से कार्य नहीं कर पाएँगे, हमारी दूसरी इच्छाएँ हमारे मार्ग में आती रहेंगी।

स्माईलस का कहना है–'अपने मन पर नियंत्रण रखने के अभाव में अनेक व्यक्ति पूरा जीवन स्वयं द्वारा उत्पन्न कठिनाइयों से ही निपटने में

बीता देते हैं और सफलता को अपनी गलतियों से नामुमकिन बना लेते हैं, जबकि उनसे कम योग्यतावाले लोग अपने धैर्य, सद्बुद्धि और आत्मसंयम से सफल हो जाते हैं।'

अनुशासनहीनता हमारी सबसे बड़ी कमजोरी होती है, जो हमें अपनी लक्ष्य-प्राप्ति के मार्ग से डिगाती रहती है। यहाँ मैं आपको यह बात साफ बताना चाहती हूँ कि अनुशासनहीनता एक लक्षण है, बीमारी नहीं, हालाँकि हम हमेशा इसे ही परेशानी का मूल कारण समझते हैं। हम मानते हैं कि आत्मसंयम की कमी के कारण ही हम अपना कार्य ठीक से नहीं कर पा रहे हैं और अपना लक्ष्य हासिल नहीं कर पा रहे हैं, हम जो करना चाहते हैं, जैसा करना चाहते हैं, जब करना चाहते हैं नहीं कर पा रहे हैं। हम मानते हैं कि जीवन की हमारी अन्य जरूरतें व हमारी इच्छाएँ हमारा समय ले लेती हैं और हमारी सफलता के मार्ग की अड़चनें बन जाती हैं। हम अपने आपको समय, परिस्थितियों या फिर असंयम का शिकार मानते हैं।

पायथागोरस ने कहा है–'जो व्यक्ति स्वयं को नियंत्रण में नहीं रख सकता वह स्वतंत्र नहीं है।'

एक समय ऐसा था जब मैं स्वयं अनुशासनहीनता का शिकार थी और मुझे अपनी सही समस्या को समझने व उसका निराकरण करने में कई कीमती वर्षों की कीमत चुकानी पड़ी। कुछ वर्षों से मैं समाचार-पत्रों के लिए लिख रही थी, किंतु मैं नियमित रूप से कोई काम नहीं कर रही थी और न ही मेरे लिखने का कोई निश्चित समय था। मैं अपने इच्छानुसार काम करती थी, हालाँकि मैं जानती थी कि लेखन के क्षेत्र में कोई महत्त्वपूर्ण कार्य करने के लिए लेखन का निश्चित समय होना जरूरी है। फिर भी मेरी कोई कार्यावधि नहीं थी। टी.वी. देखना, फोन पर बात करना,

बाहर जाना, पार्टियों में जाना इत्यादि सभी कुछ मेरे लिए अपने काम से ज्यादा महत्त्वपूर्ण थे। मैं सोचती थी कि मैं काम में 'थोड़ी-सी ढील' दे सकती हूँ। अपने दिन के लक्ष्य को पूरा न कर पाने के मेरे पास बहुत-से बहाने होते थे, किंतु मैं जानती थी कि यह सही नहीं है, फिर भी मैं कुछ नहीं कर पा रही थी और यही मेरे मार्ग में बाधक था। मैं अपने काम पर केंद्रित होने की पूरी कोशिश करती, किंतु असफल रहती। उस समय मुझे यह नहीं पता था कि मैं बीमारी के लक्षण सुधारने की चेष्टा कर रही हूँ, बीमारी नहीं। सफलता कैसे मिलती !

आत्मसंयम की सबसे बड़ी समस्या आत्मसंयम नहीं वरन् निरादर है। निरादर है स्वयं का व अपने काम का। काम का निरादर तब होता है जब आप भली प्रकार यह नहीं जानते कि आप करना क्या चाहते हैं। अपने लक्ष्य को भली प्रकार पहचानना और अपने अंतःकरण से मेल खाता लक्ष्य न होना इस परेशानी का मूल कारण है। जब आप और आपका मन यह न जानते हों कि आप क्या करना चाहते हैं, उसे कैसे कर पाएँगे और उसमें कितने सफल हो पाएँगे, तब आप क्या करेंगे ? आप काम ही नहीं करेंगे और उसे टालते जाना इसका सबसे सरल तरीका होगा। और यहाँ मैं यह मानना चाहूँगी कि जिस समय की मैं अभी चर्चा कर रही थी, उस समय मेरे पास अपने लेखन के लिए कोई सधा हुआ लक्ष्य नहीं था, किंतु यह बात मेरी चेतना में नहीं थी। मैं कोई महत्त्वपूर्ण कार्य तो करना चाहती थी, किंतु वह कार्य क्या होगा इसका मुझे स्पष्ट ज्ञान नहीं था और मुझे उसका भरोसा भी नहीं था। फलस्वरूप मैं अपने काम का व अपना इतना आदर नहीं कर पा रही थी कि सब कुछ छोड़कर उसे पूरा करूँ व नियमित रूप से उसे करूँ। यही मेरी समस्या थी।

किंतु अब जब मैं जानती हूँ कि मैं क्या करना चाहती हूँ, मैं अपने

काम पर पूरी तरह केंद्रित रहती हूँ। मैं अपने कार्य को इतना महत्त्व दे पाती हूँ कि अपने समय का पालन करती हूँ, चाहे मुझे कितनी ही कठिनाइयों का क्यों न सामना करना पड़े। अब मैं पूर्णतया अनुशासित हूँ और इसका सुखद असर मेरे काम व मेरे जीवन पर है।

जब आप अपने काम के लिए सुबह 4 बजे उठते हैं तो आपके मन में काम के प्रति श्रद्धा होती है, जिससे इतनी सुबह आरामदेह बिस्तर को छोड़ा जा सके, जब आप रियाज कर रहे होते हैं और आपके अन्य साथी बाहर खेल रहे होते हैं तब आपका ध्यान अपने संगीत पर टिका होना चाहिए, उस इच्छा और विश्वास के साथ कि भविष्य में आप इसमें सर्वोत्तम होंगे। जब आप डॉक्टर द्वारा मना किया भोजन नहीं करते तब भी आपको अपने भविष्य के स्वास्थ्य का आदर करना जरूरी है और जब आप हाथ तंग होने पर फिजूल खर्च नहीं करते, तब भी जरूरी है कि आप ऋण न लेने के लिए कटिबद्ध हों। जब आप अपना व अपने लक्ष्य का सम्मान करते हैं तो उस पर केंद्रित रह पाते हैं और अनुशासन में रहना आपके लिए सरल हो जाता है।

अनुशासन वह गुण है जो आपको यह क्षमता प्रदान करता है कि आप जो करना चाहते हैं, जब करना चाहते हैं, जैसा करना चाहते हैं कर पाएँ, भले ही उस कार्य को उस समय करने का आपका मन न हो। जब आप स्वेच्छा से, पूरी चाहत व लगन से कुछ करना चाहते हैं तो कोई भी अन्य आकर्षण आपको आपके मार्ग से नहीं डिगा सकता है।

थॉमसन ने कहा है–'सच्ची महिमा स्वयं पर विजय पाने से उदित होती है, इसके बिना विजेता मात्र अपना पहला गुलाम ही है।'

संसार के सबसे महत्त्वपूर्ण कार्य वे लोग करते हैं जो स्वयं पर

नियंत्रण रखते हैं। हम चोटी की सफलता उन्हीं क्षेत्रों में हासिल कर सकते हैं जहाँ हम स्वतंत्र होकर कार्य करते हैं। कोई भी हमें रचनात्मक कार्य करने के लिए बाध्य नहीं कर सकता, कुछ नया सोचने के लिए मजबूर नहीं कर सकता और न ही कोई हम पर नई खोज या आविष्कार करने का जोर डाल सकता है। सारांश में, रोजमर्रा की जिंदगी के कामों को छोड़कर सभी महत्त्वपूर्ण कार्य व्यक्ति स्वयं करता है और इनके लिए उसे स्वयं प्रेरित होना होता है, लगनबद्ध होना होता है और इस प्रेरणा को अंजाम तक बनाए रखने के लिए आपको अनुशासित होना है और आप जानते ही हैं कि आत्मसंयम कार्य पर केंद्रित होने का नाम है।

कहा जाता है कि दूसरों को पसंद करने से पहले स्वयं को पसंद करना होता है और स्वयं को सही तरह पसंद करने के लिए आपको अपने पर विजय पानी होती है। खुद पर विजय पाना यानी आत्मसम्मान बढ़ाना, जो कि फिर आत्मसंयम को बढ़ावा देता है। यही आत्मसम्मान और पूर्ण स्वतंत्रता का आधार है। स्वतंत्रता, साहस तथा सहयोग किसी भी कार्य को लगन व परिपक्वता से करने के लिए जरूरी है। आत्मनियंत्रण का अर्थ है कि हम अपनी कमजोरियों पर विजय पाएँ और जो करना चाहें, कर पाएँ।

गुफारडिनी ने कहा है—'स्वयं पर विजय पाना व अपनी भावनाओं को संयमित कर पाना प्रशंसात्मक है, क्योंकि बहुत कम लोग ही ऐसा करना जानते हैं।'

अपने कार्य पर केंद्रित होने का अर्थ यह नहीं है कि आप अडिग कार्यकारिणी बना लें या अपने अन्य दायित्वों को भुला दें। इसका अर्थ सिर्फ इतना है कि आप अपने कार्यक्रम का मान रखते हुए, अपनी जिम्मेदारियाँ निभाएँ और अपनी उन इच्छाओं व जरूरतों को वश में रखें,

जो आपके अंतःकरण व लक्ष्य से मेल नहीं खातीं। हम यह समझ पाएँ कि हमारे लिए क्या सही है और वह कर पाएँ जो उसे पाने के लिए जरूरी है। इसका मतलब यह भी नहीं है कि हम अपनी जिम्मेदारियों पर केंद्रित न हों, इसका अर्थ सिर्फ यह है कि हम अपने कर्तव्यों का बहाना बनाकर अपने लक्ष्य न भूल जाएँ।

शोध से पता चला है कि जो बच्चे छोटी उम्र में ही आत्मनियंत्रण सीख लेते हैं वे जीवन में ज्यादा सफलता हासिल करते हैं। यह इसलिए होता है कि आत्मसंयमी बच्चा जल्दी ही अपने लक्ष्य को साधना व उन पर केंद्रित रहना सीख लेता है। ऐसे में उसके लक्ष्यों का उसके अंतःकरण से तालमेल होने की संभावना बढ़ जाती है और उसे अपने लक्ष्य पर कार्य करने के लिए बाहरी प्रतिबंधों की जरूरत नहीं होती। उसका यह गुण जीवन-भर उसका साथ देता है।

अपने वादों को निभाने के लिए आपको अपने वादों के प्रति वचनबद्ध होना होता है, उसके लिए निम्न बातों का ध्यान रखें–

1. बिना आत्मनियंत्रण के आप जीवन में कुछ महत्त्वपूर्ण कार्य नहीं कर सकते।
2. वादों को निभाने के लिए आपको अनुशासन में रहना होगा।
3. अनुशासन में रहने के लिए आपका लक्ष्य आपकी इच्छाओं व विचारों के अनुरूप होना चाहिए।
4. आपको स्वयं का एवं अपने लक्ष्य का इतना आदर करना होगा कि आप अपने पथ से न डिगें।

नियम
दसवाँ

जवाबदेह बनें

जब जिम्मेदारी आपकी है, श्रेय भी आपको ही मिलेगा।

अपने जीवन को अपने हाथ में लें
दूसरों को व परिस्थितियों को अपने पर हावी न होने दें

जो हाथ डोर सँभालता है
वही दिशा देता है

वेन्डल फिलिप्स ने कहा है—'जिम्मेदारी शिक्षा प्रदान करती है।'

एक समय दो किसान रहा करते थे। उनके खेत में जब बीज बोने का समय आया तो दोनों ने खेतों की गुड़ाई की व बीज बो दिए। जल्दी ही बीज अंकुरित हो गए और खेतों में पानी देने का समय आ गया, किंतु बारिश नहीं हुई और पौधे मुरझाने लगे।

किसानों को चिंता हुई और वे वर्षा के लिए प्रार्थना करने लगे, किंतु ईश्वर ने उनकी नहीं सुनी।

यह देख एक किसान कुआँ खोदने में लग गया। उसके पुत्र भी उसके काम में हाथ बँटाने लगे और वे सब मिलकर रोज खुदाई करते। किंतु दूसरा किसान व उसके पुत्र प्रार्थना में लगे रहे, उन्हें ईश्वर पर भरोसा था।

जल्दी ही पहला किसान पानी तक पहुँच गया और उसका कुआँ पानी से भर गया और वह अपने पौधों को बचाने में सफल रहा। उस वर्ष उसे भरपूर फसल मिली। दूसरे किसान की फसल सूख गई, उसे अकाल का सामना करना पड़ा।

यहाँ प्रश्न यह उठता है कि क्या पहला किसान भाग्यशाली था या उसने स्वयं अपने भाग्य का निर्माण किया था ? यदि आप अपनी मदद न करें तो क्या ईश्वर आपकी मदद कर सकते हैं ?

सदैव याद रखिए, आपका जीवन आपका अपना है और आप, केवल आप उसके मालिक हैं। आप ही अपने जीवन के नायक हैं और कोई भी आपको वहाँ से हटा नहीं सकता।

फिलिप सी. मैक्ग्रॉ का कहना है–'आप अपने जीवन के लिए उत्तरदायी हैं, वह चाहे अच्छा हो या बुरा, सफल हो या असफल, सुखी हो या दुःखी और उचित हो या अनुचित। आप अपने जीवन के स्वामी होते हैं।'

यदि आप वयस्क हैं, स्वतंत्र जीवन जी रहे हैं, आर्थिक रूप से सक्षम हैं तो यहाँ मैं आप से कहना चाहूँगी कि जो कुछ भी आपके साथ हुआ है या हो रहा है वह आपके किए फैसलों का परिणाम है, विभिन्न परिस्थितियों में किए गए आपके व्यक्तिगत निर्णयों का नतीजा है। आप जानते हैं कि हर परिस्थिति को अलग-अलग ढंग से देखा व समझा जा सकता है। आपके अच्छे-बुरे या आम अनुभव, आपका सौभाग्य या दुर्भाग्य, आपकी सफलताएँ या असफलताएँ–सभी आपकी अपनी करनी का परिणाम हैं।

आपने यह सब जाने या अनजाने, प्रत्यक्ष या अप्रत्यक्ष, किसी भी रूप में किया हो, किंतु आज जो कुछ भी आपके पास है या आपके साथ हुआ है या हो रहा है, वह सब आपके लिए गए निर्णयों और उनपर अमल करने का या न करने का नतीजा है। जब आप कुछ न करने का निर्णय लेते हैं तो यह भी आपकी अपनी मर्जी होती है और आप उसके परिणाम के जिम्मेदार होते हैं।

हो सकता है, आपको मेरे इस सुझाव पर गुस्सा आ रहा हो कि मैं

आपको आपके जीवन में होने वाली हर कठिनाई का जिम्मेदार ठहरा रही हूँ और आप कहना चाहते हों, 'मैं किसी भी कीमत पर आपका यह सुझाव मानने को तैयार नहीं हूँ, मैं किसी भी हालत में अपने जीवन में होने वाली अव्यवस्था के लिए जिम्मेदार नहीं हूँ, मैं तो अपनी विपरीत परिस्थितियों का शिकार हूँ और आप मुझे उन सभी बातों के लिए जिम्मेदार ठहरा रही हैं जो मेरे वश में नहीं थीं। नहीं, मैं कभी भी इस बेकार की बात को मानने के लिए तैयार नहीं हूँ।'

यहाँ पर, प्रिय पाठक, मैं आपको यह बता देना चाहती हूँ कि आप अकेले व्यक्ति नहीं हैं जो ऐसा सोच रहे होंगे, अधिकतर ऐसा ही सोचेंगे। आखिरकार यह मानव प्रकृति है कि हम कोई भी गलती स्वीकार करना नहीं चाहते, हम तो सिर्फ श्रेय लेना चाहते हैं।

मैड-ग्विजों ने कहा है—'जो व्यक्ति दूसरों से कुछ पाने की अपेक्षा, उनके प्रति अपने कर्तव्यों के बारे में ज्यादा सोचता है वह बहुत-से कटु अनुभवों से बच जाता है।

यहाँ पर यह बात मैं स्पष्ट कर देना चाहूँगी कि अपने जीवन की जिम्मेदारी लेना अपने को दोषी ठहराना बिल्कुल नहीं है, बल्कि उसके विपरीत है। जब आप जिम्मेदारी लेते हैं तो अपने आप में तथा अपने सीखने और बदलने की शक्ति में भरोसा जताते हैं, और यह आपको नकारात्मक सोच से बाहर निकालता है, विजयी मनोबल देता है।

अब मैं आपसे कहूँगी कि यहाँ आप थोड़ा समय रुकें व जो मैं आपसे कहने जा रही हूँ उस पर बहुत ध्यान से विचार करें। अपना मन शांत करें और अपने मन से उन सभी पूर्वग्रहों को निकाल दें, जो ऐसे किसी भी प्रस्ताव के खिलाफ आपके मन में उठ खड़े होंगे, जो कि आपसे अपने

जीवन की जिम्मेदारी लेने के लिए कह रहे हों। अपने दिमाग को नई तरह से सोचने के लिए खोलिए। आप जानते हैं कि अगर आप अपना भविष्य बदलना चाहते हैं तो आपको अपना वर्तमान बदलना होगा, आपको जीवन के पहलुओं को नई तरह से समझना और बरतना होगा।

अब आप अपने जीवन में अपनी भूमिका की मेरी बात पर लौट जाएँ और उस पर पुनः विचार करें—

- क्या आप मेरे सुझाव से आहत महसूस कर रहे हैं कि आप जवाब देह हैं ? यदि हाँ, तो यह प्रतिक्रिया *आपका चयन* है।

- क्या आप दुःख व आशंका महसूस कर रहे हैं कि शायद यह सच हो ? यह भी *आपका चुनाव है।*

- क्या आप विश्वस्त महसूस कर रहे हैं कि यदि ऐसा है तो आप अपने जीवन में सुधार कर सकते हैं व आगे बढ़ सकते हैं ? यह प्रतिक्रिया भी *आप ही का चुनाव होगी।*

- क्या आप खुशी महसूस कर रहे हैं कि आपका जीवन आपके हाथ में है ? यह भी तो *आप ही का चुनाव है।*

अब देखिए, एक ही सुझाव के प्रति कितनी विभिन्न प्रतिक्रियाएँ हो सकती हैं और ये आपकी निजी सोच का परिणाम होती हैं, जो आपके हर कार्य को प्रभावित करती हैं। पहली दो स्थितियों में आपकी प्रतिक्रिया एक पीड़ित की है, जो अपनी परिस्थितियों का मारा है और पीड़ित बनना कोई लाभ नहीं दे सकता। अगली दो स्थितियों में आपकी प्रतिक्रिया एक विजयी की है, जो अपनी परिस्थितियों का मालिक है और यह आपका हौसला बढ़ाता है। जिस तरह आपने इस एक सुझाव को अलग-अलग ढंग से महसूस किया, उसी प्रकार आप अपने जीवन में सभी परिस्थितियों

को अलग-अलग ढंग से समझते व महसूस करते हैं और उन पर कार्य करते हैं, यही आपके जीवन को रूप देता है और जीवन में आप क्या पा रहे हैं, तय करता है।

अब आप कह सकते हैं कि जब आप बच्चे थे तब आपके साथ बदसलूकी हुई थी और आपकी देखभाल करने वालों ने आपका दुरुपयोग किया था या आपकी उपेक्षा की थी और उसी दुर्व्यवहार का असर आज आपके जीवन पर है। यह आपकी प्रगति में बाधा बन रहा है और आप चाहकर भी कुछ नहीं कर पा रहे हैं। बच्चों के साथ दुर्व्यवहार व उनका दुरुपयोग एक बहुत ही दुःखद व दुर्भाग्यपूर्ण त्रासदी है, जो जीवन में घटती रहती है और बच्चों का इसमें कभी कोई दोष नहीं होता। बच्चे हमेशा निर्दोष होते हैं और दूसरों के व्यवहार के लिए कभी जिम्मेदार नहीं होते। और कभी-कभी तो वे बहुत ही बुरे हादसों का शिकार हो जाते हैं, जो उन पर निशान छोड़ देते हैं। यह एक सच्चाई है और इसका हमें सामना करना होगा।

हम अक्सर ही ऐसे लोगों से मिलते हैं जो बचपन में दुर्भाग्य का शिकार हुए थे और अब बड़े हो जाने पर उस त्रासदी से उबर नहीं पा रहे हैं और अपने जीवन से समझौता नहीं कर पा रहे हैं। और, प्रिय पाठक, यदि आप इस दुर्भाग्यपूर्ण स्थिति से गुजरे हैं तो यह नितांत खेद की बात है, जिसमें आपका कोई दोष नहीं था। किंतु अब जब आप वयस्क हो चुके हैं, अपने जीवन व सोच के मालिक हैं, आपको विचार करना होगा कि किस तरह आप इस दुःखद हादसे से बाहर निकल सकते हैं। यह जरूरी है कि आप उसे भूल जाएँ। अपने को स्वस्थ करना आपके हाथ में है। हो सकता है कि यह बहुत कठिन व पेचीदा हो, किंतु फिर भी किया जा

सकता है, और यही आपकी विजय का भरोसा है, यह मैं आपको आश्वासन दे सकती हूँ।

अतीत घटित हो चुका है और अपनी मुहर लगा चुका है, किंतु भविष्य को अभी आकार लेना है। अपने अतीत का शिकार न बना रहना आपके अपने हाथ में है, उबारिए। मैं जानती हूँ कि ऐसा कहना आसान है और करना कठिन, किंतु यह किया जा सकता है। यही आपके लिए मायने रखता है और आपकी सबसे बड़ी उम्मीद है। इसका मतलब यह बिल्कुल नहीं है कि आपको अपने साथ किए गए दुर्व्यवहार को स्वीकारना है या दोषी को दोषमुक्त करना है। यह तो सिर्फ एक तरीका है जिससे आप उस घटना की पकड़ से बाहर निकल सकते हैं। आप उसका शिकार तब तक बने रहेंगे जब तक आप उसे भुलाकर आगे नहीं बढ़ जाते। यह कर पाना आपकी सबसे बड़ी शक्ति होगी, इसका प्रयोग कीजिए। अपने भविष्य के पटल पर स्वयं रंग भरिए। ऐसा करने में यदि आपको किसी प्रशिक्षण प्राप्त व्यक्ति की सहायता की आवश्यकता हो तो लीजिए। अपने अप्रिय अतीत को पीछे छोड़कर आगे बढ़ जाना आपको एक नई स्वतंत्रता व साहस प्रदान करेगा और आप अपने को बेहतरीन रूप में परिवर्तित होता पाएँगे।

कभी-कभी आप अपने आपको विपरीत परिस्थितियाँ, कठोर स्वभाव के बॉस, असहयोगी जीवनसाथी, गैर-जिम्मेदार बच्चे, खराब स्वास्थ्य, सुअवसरों की कमी, परिवार में कोई त्रासदी होना इत्यादि किसी का भी शिकार महसूस कर सकते हैं और ये सभी बातें आपके भविष्य के मार्ग के चयन को प्रभावित कर सकती हैं। किंतु जब तक आप चुनाव कर सकते हैं आपके पास उम्मीद है। अपने आस-पास सफल व्यक्तियों को देखेंगे तो पाएँगे कि उनमें से बहुत-से लोग आपसे भी अधिक कठिनाइयों

से गुजरे हैं। फिर भी वे उनपर विजय पाने में कामयाब हो पाए, और आप भी ऐसा कर सकते हैं।

अपने को सताया हुआ महसूस करने की सबसे बड़ी समस्या यह है कि ऐसा महसूस करना व्यक्ति को एक नकारात्मक सुरक्षा प्रदान करता है, वह व्यक्ति को उसके दुर्भाग्य में उसकी अपनी भूमिका देखने से बचाता है। वह सोचता है कि उसके जीवन की अव्यवस्था का कारण वह नहीं है और वह एक संतोष महसूस करता है। किंतु हर नकारात्मक गुण की तरह इसका भी कोई सकारात्मक परिणाम नहीं होता।

अपनी जवाबदेही को मानना आपकी प्रगति के लिए एकदम जरूरी है। जब आप जान जाते हैं कि किस तरह आपने अपने अतीत को प्रभावित किया था और अब आप किस तरह अपने भविष्य को प्रभावित कर रहे हैं या कर सकते हैं तो आपके मन में साहस व उम्मीद की किरण फूटती है।

जे.जी. हॉलेन्ड का कहना है–'जिम्मेदारी क्षमता व शक्ति के साथ हाथ मिलाकर चलती है।'

इस शक्ति को अपने हाथ में लेना उतना मुश्किल नहीं है जितना आप सोच रहे हैं। इसको सरल करने का सबसे अच्छा तरीका है कि आप अपने अतीत की किसी ऐसी घटना को, जिसमें आपको लगा था कि आप परिस्थितियों का शिकार हुए थे, याद करें व विस्तार से उस पर विचार करें। अपने मन में पूरी घटना को दोहराएँ व देखें कि क्या हुआ था और कैसे हुआ था। अब सोचें कि क्या कुछ ऐसा था जिसे अगर आप किसी और तरह करते तो वह घटना बदल जाती या टल जाती ! या फिर अगर आपने उसे किसी अन्य तरीके से समझने की कोशिश की होती तो

उसका आप पर अलग असर होता ! सोचिए कि क्या वह घटना वास्तव में इतनी भयानक थी जितना आप आहत हुए ! कहीं आप जरूरत से ज्यादा दर्द तो नहीं महसूस कर रहे ? किसी भी घटना के प्रति नकारात्मक प्रतिक्रिया समय के साथ और गहरी होती जाती है, हम उसे अपने नकारात्मक विचारों से और मजबूत जो कर लेते हैं !

इस प्रक्रिया को आप अपने जीवन की उन सभी घटनाओं को लेकर करें, जो आपको दुःख पहुँचा रही हैं और आपकी प्रगति के मार्ग में बाधक हैं। आपके जीवन में आपकी भूमिका को समझने के लिए जरूरी है कि आप जानें कि आप, केवल आप ही अपने भाग्य को बदल सकते हैं और अपने लक्ष्य को हासिल कर सकते हैं। दूसरों पर दोषारोपण करना आपको अपनी जिम्मेदारी लेने से बचाता तो है, किंतु यह आपको निराशा व कड़वाहट के अलावा कुछ नहीं देता, सिर्फ आपके मार्ग की अड़चन बनता है। और चूँकि आप यह किताब अभी तक अपने हाथ में पकड़े हैं, यह इस बात का सबूत है कि आप जीवन में बेहतर बनने व सफल होने के इच्छुक हैं। अपनी गलतियों को स्वीकारना कुछ समय के लिए दुःखदायी हो सकता है, किंतु यह अपने साथ एक उम्मीद भी लाता है और यही इसका सबसे बड़ा ईनाम है।

मैं जानती हूँ कि मैं जो कुछ कह रही हूँ वह मानना और उसके अनुसार चलना आपके लिए कठिन हो सकता है। आखिरकार अपने उत्तरदायित्व को लेने के बजाय अपने जीवन की सभी परेशानियों को दूसरों पर लादना कितना सरल होता है, चाहे वे आपके माँ-बाप हो, भाई-बहन हो, अध्यापक हो, दोस्त हो, पड़ोसी हो, जीवनसाथी हो, जीव तत्त्व हो, भाग्य हो या कुछ और। दूसरों में दोष ढूँढ़ना व दोषारोपण करना मानव का स्वभाव है और जितना ही हम ऐसा करते हैं, उतने ही इसमें

माहिर होते जाते हैं, किंतु ऐसा करने में हम अपने लक्ष्य से दूर भी होते जाते हैं।

संसार में एक ओर ऐसे शोधकर्ता हैं जो हमारी हर समस्या का कारण हमारे जीव तत्त्व यानी जीन्स में ढूँढ़ते हैं। वहीं दूसरी ओर ऐसे शोधकर्ता भी हैं जो हमारी हर समस्या का समाधान हमारे व्यवहार में ढूँढ़ते हैं। कुछ हमें बताते हैं कि किस तरह हमारी सोच हमारे शरीर की बीमारियों को भी प्रभावित करती है, वहीं कुछ हमें बताएँगे कि किस तरह आदमी की अपराधी प्रवृत्ति भी उसके जीव तत्त्व में होती है। अब यह हमारे ऊपर है कि हम किसकी बात को सुनना चाहते हैं। यह भी हमारा ही निर्णय होगा।

बस एक बात ध्यान रखें, जब आप दूसरों को दोषी ठहराते हैं तो आप थोड़ी देर के लिए राहत महसूस करते हैं, किंतु यह आपको उम्मीद नहीं देता और न ही आप अपने में सुधार कर पाते हैं। जब आप अपने को दोषी मानते हैं तो आपको कुछ बुरा तो लगता है, किंतु आपके सामने उम्मीद होती है, हौसला होता है और आप आगे बढ़ पाते हैं। दूसरों पर दोषारोपण करना आपको कितना भी आनंद क्यों न देता हो, किंतु दूसरों का सताया हुआ शिकार बनना आपको कोई लाभ नहीं दे सकता। यह एक नकारात्मक संतोष है और नकारात्मक संतोष हमेशा कटुता व निराशा ही देता है, सफलता नहीं।

वहीं दूसरी ओर, जिम्मेदारी उठाना आपके लिए सफलता के दरवाजे खोलता है और आपका मनोबल बढ़ाता है, कटुता से दूर रखता है। अपने को सुधारने का यही एकमात्र तरीका है। इसके द्वारा आप जो बदलाव चाहते हैं, जैसा चाहते हैं, बदल सकते हैं। यही आपकी परेशानियों को बौना करता हुआ आपको सफलता के मार्ग पर ले जा सकता है।

अपने जीवन का उत्तरदायित्व लेना आपकी सफलता के लिए जरूरी है।

इन बातों का ध्यान रखें और सफलता के मार्ग पर आगे बढ़ें–

1. सदा जानिए कि आपकी जिंदगी आपकी अपनी है और कोई भी अन्य व्यक्ति उसका जवाबदेह नहीं है।

2. कभी भी अपने आपको किसी व्यक्ति या परिस्थिति का शिकार न मानें, कोई फायदा नहीं होगा।

3. यदि आप अपने बचपन में सताए भी गए हैं, तब भी उससे उबरने की कोशिश करें। यही एक रास्ता है अपने अतीत से छुटकारा पाने का।

4. अपने अतीत की दुःखद घटनाओं के बारे में विस्तार से सोचकर व नए सिरे से देखकर उन्हें भुलाने की कोशिश करें और उसमें आप कहाँ तक जिम्मेदार थे, और अब आप भविष्य को कैसे बदल सकते हैं, यह जानने की कोशिश करें।

5. यह आप पर निर्भर करता है कि आप अपने जीवन में अपनी क्या भूमिका रखते हैं। जब आप अपने जीवन को अपने हाथ में लेंगे तभी आप सफलता के मार्ग पर चल पाएँगे।

❐ ❐ ❐